AF451948

Semaine Littéraire du Courrier des Etats-Unis.

LA

QUESTION D'ARGENT,

COMÉDIE EN CINQ ACTES, EN PROSE,

PAR

ALEXANDRE DUMAS, FILS.

NEW-YORK.

CHARLES LASSALLE, ÉDITEUR,

73 Franklin Street

1857.

PERSONNAGES.

RENÉ DE CHARZAY........................MM. DUPUIS.
JEAN GIRAUD.............................LESUEUR.
DE RONCOURT............................FERVILLE.
DURIEU.................................NUMA.
DE CAYOLLE.............................LANDROL.
DOMESTIQUES...........................
ÉLISA DE RONCOURT....................Mme ROSE CHÉRI.
MADAME DURIEU.........................CHÉRI LESUEUR.
LA COMTESSE SAVELLI..................Mlles D. MARQUET.
MATHILDE DURIEU.......................DELAPORTE.

Le premier et le deuxième acte se passent chez Mme Durieu.
Le troisième acte, chez M. de Roncourt.
Le quatrième acte, chez la comtesse.
Le cinquième acte, chez M. Durieu.

La scène est à Paris.

LA QUESTION D'ARGENT.

ACTE PREMIER.

Un salon à la campagne, chez Durieu. Porte au fond donnant sur un jardin ; portes latérales.

Scene I.

LA COMTESSE, DURIEU.

La comtesse est étendue sur un canapé.

Durieu.—Comtesse, vous nous fuyez ?

La Comtesse.—Oui : vous avez donné une ex-cellent dîner, mon cher monsieur Durieu, avec des gens très-aimables ; mais vous êtes tous Fran-çais, et vous passez votre soirée dans le jardin, vous trouvez qu'il y fait chaud, cela vous regarde. Moi qui suis née à Naples, en plein juillet, je trouve que vos soirées de la fin de l'été sont gla-cées et je me sauve ici.

Durieu.—Nous allons venir vous y rejoindre.

La Comtesse.—Non ; laissez vos invités fumer tranquillement leurs cigares, et ne les dérangez en rien pour moi ; sinon, je pars. Je vous deman-derai seulement, dès que votre neveu sera arrivé, de me l'amener, sans lui dire qui est là ; je veux lui en faire la surprise, et j'ai les choses les plus désagréables à lui dire. Vous ferez donner de la lumière, et je n'aurai plus rien à souhaiter dans ce monde.

Durieu.—René vient justement d'arriver.

La Comtesse.—Cela tombe à merveille.

Durieu, *appelant au perron du fond.*—René !

René, *paraissant.*—Mon oncle ?

Durieu.—Il y a là une dame qui veut te par-ler.

René.—A moi ?

Durieu.—A toi. (*A la comtesse*). Vous n'avez plus besoin de rien ?

La Comtesse.—Non, merci.

(*Durieu s'est retiré après avoir baisé la main de la comtesse.*)

Scene II.

LA COMTESSE, RENÉ.

René, *s'approchant.*—Comment, c'est vous, comtesse ! Ah ! si je m'attendais à trouver quel-qu'un ici, ce n'était certainement pas vous ; vous connaissez donc mon oncle ?

La Comtesse.—Il y a cinq ans que je le con-nais.

René.—Vous ne me l'aviez jamais dit.

La Comtesse.—Pouvais-je deviner ce que je viens d'apprendre tout à l'heure, que M. René de Charzay est le neveu de M. Anatole Durieu ? car il s'appelle Anatole, votre oncle.

René.—Oui ; ce n'est pas là le plus beau de son affaire.

La Comtesse.—Maintenant, répondez-moi com-ment il se fait que je ne vous aie pas vu depuis près d'un an ?

René.—Dites-moi d'abord comment vous, la comtesse Savelli, vous connaissez mon oncle, le bourgeois des bourgeois, et comment vous dînez chez lui ? à la campagne ?

La Comtesse.—Il y a cinq ans, j'arrivais d'Italie ; j'étais veuve depuis trois mois. J'habitais l'hôtel Maurice. Un jour j'étais allée rue de Lille rendre visite à la duchesse de Blignac....

René.—Chez qui j'ai eu l'honneur de vous être présenté.

La Comtesse.—Justement.... et j'avais renvoyé ma voiture ; je revenais à pied, pour faire plaisir à mon médecin, qui me dit toujours de marcher. J'arrive au pont des Saints-Pères ; je ne savais pas qu'il fallait payer un sou pour passer dessus ; un invalide court après moi et me demande mon sou. Je fouille dans ma poche ; comme cela m'arrive toujours, je n'avais pas d'argent sur moi. Je me mets à rire, l'invalide croit que je me moque de lui, et me signifie de revenir sur mes pas. En ce moment, passait à côté de moi, un monsieur qui était dans son droit, et qui, voyant mon embarras, dit à l'invalide, avec un geste magnifique : Tenez, voilà votre sou, laissez passer mademoiselle.

René.—Mademoiselle !.... c'était flatteur...

La Comtesse.—Pas trop ; surtout au prix que ce monsieur y mettait. Je le remerciai donc, tout en me défendant de la qualité qu'il voulait bien me donner, et je lui demandai son nom et son adresse pour lui faire remettre son sou. Il voulait absolument m'en faire cadeau. J'insistai ; enfin, il se décida. Le lendemain, j'allai faire une visite à mon bienfaiteur, ou plutôt à sa femme, car il m'avait appris qu'il était marié. Madame Durieu me rendit ma visite ; nous dînâmes ensemble deux fois, puis je voyageai, et je les avais oubliés complétement tous les deux, quand, l'autre jour, en traversant le bois, je reconnus M. Durieu sur la route ; je fis arrêter ma voiture, nous reliâmes connaissance ; j'appris que nous étions voisins de campagne, et depuis ce jour, tantôt ils sont chez moi, tantôt je suis chez eux. J'ai fait vœu de solitude, et mon unique distraction est d'essayer de distraire votre tante, car elle n'est pas d'une gaieté folle.

René.—C'est un monsieur si agréable, monsieur mon oncle !

La Comtesse.—Madame Durieu n'est pas heureuse ?

René.—J'en ai peur ; mais c'est une très-noble femme ; elle ne se plaint jamais.

La Comtesse.—Et les enfants ?....

René.—Les enfants ?

La Comtesse.—Oui.

René.—Eh bien, les enfants, c'est Mathilde et Gustave. Mathilde est une bonne petite fille, qui ne se laissera pas trop sacrifier, elle. Quant à son frère, c'est une espèce de grand bêta qui a une raie qui lui coupe la tête depuis le front jusqu'au collet de son habit, et qui fait des lettres de change payables à la mort de papa.

La Comtesse.—Où est-il ?....

René.—Il croit qu'il voyage.

La Comtesse.—Ah ! ça.... vous savez que je suis furieuse contre vous. Je vous ai écrit il y a six mois et j'attends encore votre réponse.

René.—Je n'étais pas à Paris quand votre lettre est arrivée chez moi.

La Comtesse.—Où étiez-vous donc ?

René.—J'étais dans ma terre.

La Comtesse.—Quelle ?

René.—Une terre que j'ai sur le chemin de fer de Lyon.

La Comtesse.—Vous l'appelez ?

René.—La forêt de Fontainebleau.

La Comtesse.—La forêt de Fontainebleau est à l'Etat.... mauvais plaisant.

René.—Eh bien, l'Etat c'est moi. L'Etat c'est un possesseur invisible, représenté par tous ceux qui ne possèdent pas.

La Comtesse.—Et qu'est-ce que vous faisiez dans votre terre de Fontainebleau ?

René.—Je faisais des économies.

La Comtesse.—Même sur les ports de lettres ?

René.—Mon portier ne savait pas où j'étais, il ne pouvait donc rien m'envoyer. J'ai trouvé votre lettre en revenant. Quand je quitte Paris, c'est pour que Paris ne sache pas ce que suis devenu.

La Comtesse.—De sorte que si vos amis veulent vous voir ?

René.—Je n'ai pas d'amis.

La Comtesse.—Et moi ?

René.—Vous, vous êtes une millionnaire, vous n'êtes l'amie de personne, et personne n'est votre ami. Vous avez trop d'amis faux, pour apprécier un ami véritable.... Et d'ailleurs, qui oserait se dire l'ami véritable d'une femme qui n'a rien à souhaiter ? L'amitié est la compensation des existences obscures qui n'ont ni le pouvoir, ni la fortune, ni la célébrité.

La Comtesse.—Vous êtes donc toujours original ?

René.—Je suis franc ; il est vrai que c'est si rare, que c'est devenu une originalité.

La Comtesse.—Si tout le monde était comme vous, il n'y aurait plus de société possible.

René.—Si ; seulement il y aurait une société où tout le monde serait comme moi.

La Comtesse.—Toutes ces belles phrases-là, pour éviter de me dire la vérité sur votre absence mystérieuse.

René.—Que croyez-vous donc ?

La Comtesse.—Je crois que vous étiez amoureux.

René—Moi, amoureux.... c'est trop cher.

La Comtesse.—Comment, trop cher ?....

René.—Il faut être riche pour aimer dans un certain monde. Tenez, supposons que je vous aime et que vous m'aimiez ;.... supposons....

La Comtesse.—Soit.

René.—Entourée des hommes les plus élégants de Paris, et avec vos habitudes de luxe, qu'est-ce que vous feriez d'un amant comme moi, qui, par la pluie battante, ne pourrait venir vous voir qu'à pied ?....

La Comtesse.—J'irais le voir en voiture.

René.—Voilà bien un mot de femme ! mais la richesse a sa tyrannie comme la pauvreté ; chacune d'elles vit dans une atmosphère qu'elle a créée et qui n'est pas respirable pour l'autre. Vous vous lasseriez bien vite de monter les cinq étages d'un pauvre diable comme moi.

La Comtesse.—Ah ça, cher ami, je vous écoute ; à vous entendre, vous seriez pauvre comme Job !

René.—Mais c'est qu'il n'y a pas une grande différence.

La Comtesse.—On m'avait dit que vous étiez riche.

René.—Quelle calomnie ! j'ai 3,000 livres de rente.

La Comtesse.—Par mois.

René.—Par an. Autrement dit : j'ai 250 francs à dépenser par mois, 8 francs et quelques sous à dépenser par jour.

La Comtesse. — Comment vivez-vous avec cela ?....

René.—Je vis mal.

La Comtesse.—Mais encore ?

René.—Voulez-vous que je vous fasse mes comptes ?

La Comtesse.—Cela m'amusera beaucoup.

René, *tirant son portefeuille et écrivant.*—Ecoutez : Logement, 300 francs.

La Comtesse.—Où donc ?

René.—Dans le haut de la rue Pigalle. On voit passer les enterrements, mais on s'y fait.

La Comtesse.—Après ?

René.—Dîner : 3 francs ; je ne bois pas de vin de Champagne, mais je ne m'en porte que mieux.

La Comtesse.—Le domestique ?

René.—Le domestique, c'est Sophie : une femme de ménage qui me fait mon déjeuner : deux œufs et une tasse de thé ; Sophie et déjeuner, vingt sous par jour.

La Comtesse.—Cela fait déjà ?....

René.—1760 francs.

La comtesse.—Et le tailleur, et le chapelier, et le bottier, et le gantier ?

René. — C'est une affaire de 500 francs par an. On ne sait pas ce que dure un habit ; c'est le couteau de Janot. En voici un qui est âgé de deux ans et qui n'est qu'au commencement de sa carrière. Les tailleurs font courir le bruit que les habits s'usent vite, ce n'est pas vrai. Nous disons donc 2,300 fr.; le reste est pour mon linge, mes cigares et mes folies. Quand je voyage, je voyage en artiste, à pied ; quand je suis à Fontainebleau, je ne dépense plus que 50 sous par jour ; c'est là que je mets de côté pour l'hiver, qui est la mauvaise saison. Voilà mon budget ; il me donne le plus précieux de tous les biens, à mon avis : l'indépendance. J'ai un nom honorable, je vois le monde que je veux voir ; je lis beaucoup, je dessine, je fais de la musique, je suis un honnête homme et il n'y a pas un être dans la création qui puisse me faire faire ce que je ne veux pas faire, excepté les gens que j'aime. Voilà.

La Comtesse.—Comme c'est gentil ! je ne me doutais pas de toutes ces choses. Mais cette vie-là ne pourra pas durer toujours.

René.—Pourquoi ?....je n'ai pas d'ambition.

La Comtesse.—Vous vous marierez.

René.—Je ne suis pas assez riche pour deux.

La Comtesse. — Vous épouserez une femme riche.

René.—Je ne veux pas me vendre.

La Comtesse.—Alors vous resterez libre ?

René.—Oui.

La Comtesse. — Ah çà ! vous êtes peut-être heureux ?

René.—Je ne le suis pas peut-être, je le suis certainement ; mais pour continuer de l'être il ne faut pas que je regarde ni à droite ni à gauche de la vie, il faut que je marche toujours dans la ligne que m'impose mon humble fortune. Je vous assure qu'il y a des moments où je m'admire. Combien de victoires mystérieuses j'ai remportées sur mes désirs, sur mes espérances, sur mes affections ! combien de petites humiliations il m'a fallu accepter des hommes et de moi-même ! que de choses on se croit en droit de me dire sans mauvaise intention, et par cela seul que je n'ai que

3,000 livres de rente ! Pour beaucoup de gens, pour mon oncle, par exemple, je suis un être sans importance, je n'existe pas ; un peu plus, ou plutôt un peu moins, il me ferait faire ses courses. Parfois, j'ai regretté de ne pas être riche, en voyant combien l'argent dans mes mains, au milieu de notre société, eût pu être utile aux autres !.... Enfin, j'en ai pris mon parti ; j'ai accepté d'avance toutes les conséquences de ma position, et je crois être arrivé à la philosophie sans avoir passé par l'égoïsme. Je suis heureux.

La Comtesse.— Je voudrais bien pouvoir en dire autant.

René.— Vous n'êtes donc pas heureuse ?

La Comtesse.— Je m'ennuie quelquefois.

René.— Vous êtes trop riche.

La Comtesse.— Je n'en sais rien.

René.— Vraiment ?

La Comtesse.— Je crois que je suis en train de me ruiner.

René.— C'est pourtant une distraction.

La Comtesse. Figurez-vous que je suis criblée de dettes.

René.— Comment avez-vous fait pour vous endetter ?

La Comtesse.— Je l'ignore ; je n'ai pourtant rien fait d'extraordinaire ; j'ai acheté des robes et j'ai donné des bals comme toutes les femmes. Il faut bien s'habiller un peu et danser de temps en temps.

René.— Et vous devez ?

La Comtesse.— Oh ! ne m'en parlez pas.... c'est affreux !.... Comme j'étais toute seule hier, j'ai passé en revue les notes non payées de mes fournisseurs : je dois, entre autres choses, 38,000 francs de chapeaux et de bonnets, 11,000 francs de gants, 52,000 francs de robes, 28,000 francs de châles et de dentelles. Je ne vous parle pas du marchand de chevaux, du carrossier, du bijoutier, qui ne veulent pas m'envoyer leurs factures ; je me doute de ce qu'elles sont. J'ai fait bâtir un hôtel qui me revient à un million, et le tapissier qui l'a arrangé m'a fait remettre un compte de 347,889, francs 50 centimes.

René.— Les 50 centimes sont adorables.

La Comtesse.— N'est-ce pas ? Ils donnent tout de suite un petit air honnête et vraisemblable au mémoire de ce brave homme.

René.— Et votre intendant, à quoi sert-il donc ?

La Comtesse.— Mon intendant, il m'a quitée ; il vit de mes rentes. Du reste, il avait trouvé un bon procédé : depuis deux ans il mettait toutes les notes dans un tiroir, me donnait tout l'argent que je demandais, et ne payait rien. C'était bien simple.

René.— Quel gaspillage !....

La Comtesse.— Que voulez-vous ! je me suis trouvée veuve à vingt-deux ans, sans père ni mère. Le comte Savelli, à qui on m'avait mariée, et qui avait une immense fortune, qu'il m'a laissée, ne savait pas plus que moi ce que c'était que compter.

René.— C'était un jeune homme ?

La Comtesse.— Il avait soixante ans.

René.— De quoi est-il mort ?

La Comtesse.— De jeunesse (*René rit.*) Ne riez pas ; c'était un homme charmant. Je n'en suis pas moins restée veuve et livrée à moi-même et aux intendants, avec des biens aux quatre coins de l'Europe. J'ai des terres dans l'intérieur de la Russie, des palais à Gênes et à Rome, et des plantations aux colonies ; je crois même que j'ai en Sicile une montagne à moi avec un volcan, un vrai volcan qui fume, mais je ne le compte pas comme rapport.

René.— Au contraire.

La Comtesse.— Maintenant, savez-vous ce que je fais ?

René.— Ce doit être charmant, dites.

La Comtesse.— Je vends tous ces biens épars ; j'ai déjà donné les ordres nécessaires. Je vais réaliser ma fortune, placer tout en France, en argent comptant, savoir positivement ce que je possède, me fixer à Paris, vivre très-modestement. J'ai envie de devenir avare.

René.— Ça vous amusera toujours pendant quelque temps ; mais il vous reste encore quelque chose à faire que vous n'avez jamais fait.

La Comtesse.— Quoi donc ?

René.— Il vous reste à faire le bien.

La Comtesse.— Est-ce que vous croyez que je ne le fais pas ?

René.— Non. Vous faites l'aumône, vous ne faites pas pas le bien ; vous donnez tout ce qu'on vous demande.... c'est trop, car ce n'est pas assez ; il faut donner ce qu'on ne vous demande pas.

La Comtesse.— Alors c'est tout un travail.

René.— Plein de joies dont vous ne vous doutez pas. Il n'y a pas de vrais pauvres que ceux qui tendent la main ou qui sont inscrits aux bureaux de bienfaisance ; il y a des misères silencieuses, obscures, propres, fières, qu'il faut savoir découvrir. Pénétrez dans un ou deux de ces intérieurs, et venez en aide, non par des aumônes brutales qui ne seraient pas acceptées, mais par des bienfaits ingénieux, à des efforts héroïques et insuffisants. Voilà une recherche intéressante et digne d'un cœur élevé, et qui n'empêche pas d'acheter 38,000 francs de chapeaux, si l'on ne peut pas s'en passer, car il faut que tout le monde vive. Voulez-vous faire un essai?

La Comtesse.—Je ne demande pas mieux.

René.—Et vous allez voir tout de suite qu'une bonne action peut être une bonne affaire.

La Comtesse.—Voyons.

René.—Vous avez dîné ici avec?

La Comtesse.—Avec votre tante, votre cousine et votre oncle.

René.—Celui-là n'a besoin de personne. Chacun pour soi, voilà sa devise. C'est l'ange de l'égoïsme.

La Comtesse.—M. de Cayolle.

René.—Un homme intelligent, supérieur. Il s'est fait tout seul.

La Comtesse.—Avec M. de Roncourt et sa fille.

René.—Ah! arrêtons-nous ici. M. de Roncourt est d'une bonne et vieille famille du Poitou. Ma mère était très-liée avec sa femme. Il avait un frère très bon chimiste qui avait fait une découverte qui l'a ruiné, comme font toutes les découvertes. Ce frère est mort de chagrin, à l'idée qu'il allait être mis en faillite. M. de Roncourt, comme un vrai gentilhomme, a répondu pour son frère, ne voulant pas qu'un de Roncourt dût quelque chose à quelqu'un.

La Comtesse.—C'est bien, cela.

René.—N'est-ce pas? Malheureusement, les dettes d'un mort, quand on les paye, ressemblent aux mauvais champignons. Là où on en arrache un, il en repousse dix. M. de Roncourt a voulu payer intégralement. Les 300,000 francs de fortune qu'il avait y ont passé.... savez-vous ce qui est arrivé alors?

La Comtesse.—Il a été ruiné.

René.—Naturellement, et il s'est trouvé redevoir encore 100,000 francs.

La Comtesse.—Comment a-t-il fait?

René.—Il les doit toujours: seulement, comme il ne possède plus rien qu'une place de 1,500 francs....

La Comtesse.—Pauvre homme!....

René.—Et que sa fille donne des leçons de piano pour vivre, ses créanciers ne lui réclament pas cette dette. Ils en seraient pour leurs frais, ils aiment donc mieux se donner des airs de générosité.

La Comtesse.—Mais sa famille ne pourrait-elle?

René.—Un homme ruiné n'a plus de famille... Voici donc ce que vous allez faire.

La Comtesse.—Dites.

René.—Vous allez reconduire, ce soir même, M. de Roncourt à Paris, dans votre voiture.

La Comtesse.—Il y a deux lieues.

René.—C'est une promenade pour vos chevaux; et comme vous n'avez plus d'intendant et que vous ne pouvez pas vous en passer, vous lui demanderez s'il veut accepter cette place.

La Comtesse.—S'il me refuse, en sa qualité de gentilhomme.

René.—S'il vous refuse, c'est que vous le lui aurez mal demandé. Il acceptera donc, il rétablira vos affaires, il prendra des arrangements avec ses créanciers, et vous aurez sauvé un honnête homme.

La Comtesse.—Cela se trouve d'autant mieux, que je vais faire un petit voyage, et que je cherchais quuelqu'un qui se chargeât d'arranger mes affaires pendant mon absence.

René.—Où allez-vous donc?

La Comtesse.—Je vais jusqu'à Londres.

René.—Pour longtemps?

La Comtesse.—Pour une quinzaine de jours.

René.—Il retourne du cœur?

La Comtesse.—Je vous conterai l'histoire en revenant....ou en allant.

René.—Comment, en allant?....

La Comtesse.—Venez avec moi.

René.—Et de l'argent?....

La Comtesse.—C'est vrai....

René.—Et puis.... que dirait-on?

La Comtesse.—Nous emmènerions une troisième personne.

René.—Laquelle?....

La Comtesse.—Notre conscience.

René.—Merci, elle nous gênerait trop. Ainsi je puis compter sur vous?....

La Comtesse.—Pour?

René.—Pour M. de Roncourt?

La Comtesse.—Parfaitement.

René.—Quant à sa fille....

La Comtesse.—Au fait, sa fille.... qu'est-ce que j'en ferai.

René.—Vous la prendrez avec vous.

La Comtesse.—Et puis?

René.—Et puis vous la marierez.

La comtesse.—Avec qui?

René.—Avec un des petits messieurs qui passent leur temps à vous faire la cour. (*Une pause.*) A quoi pensez-vous?

La Comtesse.—Je pense à une difficulté.

René.—Déjà ?

La Comtesse.—Cette demoiselle de Roncourt est-elle mariable ?

René.—Toutes les femmes le sont.

La Comtesse. — Plus ou moins. C'est Elisa qu'on l'appelle ?

René.—Oui.

La Comtesse.—Je me disais, pendant le dîner : Où donc ai-je entendu parler de cette jeune fille ? Je me le rappelle très bien maintenant, elle allait dans le monde autrefois.

René.—Parfaitement.

La Comtesse.—Il y a une histoire sur le compte de cette demoiselle de Roncourt ; n'a-t-elle pas dû épouser Max Hubert, le compositeur ?

René.—Oui.

La Comtesse.—Le mariage n'a pas eu lieu ?

René.—Qui est-ce qui n'a pas manqué un mariage ?

La Comtesse.—Oui ; mais ce n'est pas tout, il paraît que les choses ont été très loin.

René.—Qui vous a dit cela ?....

La Comtesse.—Je n'en sais rien ; je sais qu'on m'a dit....

René.—Que Max avait été son amant peut-être ?

La Comtesse.—Voilà.

René.—On m'a bien dit que lord Nofton était le vôtre, et comme vous partez pour l'Angleterre....

La Comtesse.—Oh ! mais moi....

René.—Vous, tout vous est permis. Ce qui est une faute chez une fille pauvre est à peine une inconséquence chez une femme riche. Le monde vend des mots différents pour désigner la même chose. Le tout est de pouvoir y mettre le prix.

La Comtesse.—Comme vous vous emportez...

René.—Voilà comme je suis pour mes amis.

La Comtesse.—Vous êtes donc l'ami de mademoiselle de Roncourt ?

René.—Oui.

La Comtesse.—Elle est bien heureuse.

René.—Et elle le mérite. Elisa est une charmante fille.

La Comtesse. — Vous l'appelez Elisa tout court ?....

René.—Il y a douze ans que je la connais.

La Comtesse.—Continuez.

René.—Toujours de méchantes suppositions...

La Comtesse.—Non, non, vous disiez Elisa...

René.—Je disais : Elisa est une charmante fille, pleine de qualités solides, de distinction, de talent même, et enfin elle est malheureuse. Voilà,

pour vous et pour moi, la raison sans réplique. Nous savons bien à quoi nous en tenir sur le monde, nous n'allons pas faire de la pruderie ensemble. A chaque femme son petit secret. Ne voyez qu'une chose, c'est que vous pouvez être utile à un très-honnête homme, et à une très excellente créature. Réglez-vous là-dessus, faites bien et laissez dire.

La Comtesse.—C'est convenu alors.

René.—Vous me le promettez ?

La Comtesse.—Ce sera fait avant mon départ.

René.—A la bonne heure.

Scene III.

Les Memes, MADAME DURIEU.

Madame Durieu, *entrant.*—J'espère que nous vous avons laissé causer !

La Comtesse.—Oui, ma chère madame Durieu, aussi en avons-nous dit....

Madame Durieu.— Maintenant je viens vous faire une petite annonce.

La Comtesse.—Voyons.

Madame Durieu.—Je viens vous demander d'être indulgente pour un monsieur qui va entrer.

La Comtesse.—Avez-vous besoin de réclamer mon indulgence pour les gens qui sont chez vous ?

Madame Durieu.—C'est que M. Giraud n'est pas comme tout le monde.

René.—Qu'est-ce que c'est que M. Giraud ?

Madame Durieu.—C'est un nouvel enrichi.

La Comtesse.—De quand ?

Madame Durieu.—De l'autre jour ; de sorte que ce n'est pas tout à fait un homme comme il faut, mais mon mari l'a pris en affection.

La Comtesse.—Nous le verrons. Est-il vieux ?

Madame Durieu.—Il est jeune.

La Comtesse.—C'est une excuse....

Madame Durieu.—Le voici, avec mademoiselle de Roncourt.

La Comtesse.—Oh ! comme il est bien mis.

Scene IV.

Les memes, JEAN, ELISA, DURIEU, MATHILDE, DE RONCOURT, DE CAYOLLE.

Jean *entrant en causant avec Elisa.*—La voiture vient de chez Ehrler et les chevaux de chez Drake ; mais je puis dire que j'ai la plus belle paire de chevaux qui soit à Paris.

Elisa.—En effet, monsieur, cet attelage est

d'une grande richesse. Ces harnais dorés doivent être d'un très-bel effet au soleil.

Jean.—Croyez-vous que mon sellier ne voulait pas absolument les faire dora ?

Elisa.—C'eût été malheureux.

Jean.—Eh bien, mademoiselle, quand monsieur votre père et vous, voudrez faire une promenade au bois, je mets ma voiture à votre disposition.

Elisa.—Je craindrais de vous en priver, monsieur.

Jean.—J'en ai bien d'autres. Figurez-vous que j'ai un coupé....

Durieu, *l'interrompant.*— Mon cher monsieur Giraud....

Jean.—Plaît-il ?

Durieu.—Je veux vous....

Jean, *l'interrompant.*—Quelle est cette demoiselle avec qui je cause là ?

Durieu.—C'est mademoiselle de Roncourt.

Jean.—De Roncourt.... Elle est noble ?....

Durieu.—Oui, mais voilà tout ce qu'elle a, la pauvre fille ; ils ne sont pas heureux, elle et son père, ils ne sont pas bien amusants non plus, mais je les ai connus autrefois, quand ils étaient riches, et je ne puis guère cesser de les voir.

Jean.—La fille est charmante.

Durieu.—Elle n'est pas mal. Mais venez que je vous présente à une très grande dame, très riche ; dix millions de fortune, rien que cela.

Jean.—C'est cette dame qui est là-bas ?

Durieu. — Oui, mais ne la montrez pas du doigt.

Jean.—C'est la comtesse Savelli.

Durieu.—Vous la connaissez ?

Jean.—Je me me suis trouvé avec elle, mais je ne lui ai jamais parlé.

Durieu.—Venez ; c'est une bonne connaissance pour vous. (*A la comtesse.*) M. Jean Giraud.

La Comtesse.—Monsieur !....

Jean.—Madame la comtesse !

(*Il prend une chaise et veut s'asseoir, mais ne sait comment la poser et finit par rester debout.*

René, *à Mathilde.*—Tu ne veux donc plus me parler, cousine ?

Mathilde.—Moi !.... au contraire

René.—Tu as l'air de te sauver de moi.

Mathilde.—Pas le moins du monde ; je donnais les ordres pour le thé.

René.—Tu parais triste.... est-ce que tu as cassé ta poupée ?

Mathilde.—Justement.

René.—Je t'en apporterai une autre.

Mathilde.—C'est cela.

Durieu, *à René.*—Tu me feras penser à te dire un mot avant de t'en aller.

René.—C'est bien.

Jean, *à la comtesse.*—Alors, vous ne me reconnaissez pas !....

La Comtesse.—Non, monsieur.

Jean.—Moi, je vous ai reconnue tout de suite ; mais c'est tout simple, une personne comme vous, quand on l'a vue une fois.... on s'en rappelle toujours.

La Comtesse.—S'en rappelle n'est pas heureux.

Jean. — Je vais vous remettre sur la voie. Vous êtes allée il y a sept ou huit jours pour acheter un hôtel aux Champs-Elysées, près du Jardin-d'Hiver.

La Comtesse.—C'est vrai, monsieur.

Jean.—Un hôtel Louis XIII.

La Comtesse.—Non, un hôtel Louis XV.

Jean.—Je le croyais du temps de Louis XIII. Après cela, Louis XIII, Louis XV, c'est toujours à peu près la même chose. De grand'père, à petit-fils, il n'y a pas si loin.

La Comtesse.—Peut-être plus loin qu'on ne pense.

Jean.—Mais non. Louis XIII, Louis XIV, Louis XV, enfin, c'est toujours de la famille. J'ai dit une bêtise ?

La Comtesse.—Non pas du tout.

Jean.—C'est que ça m'arrive souvent. Eh bien, quand vous êtes venue voir cet hôtel, dans le salon du propriétaire, il y avait quelqu'un qui causait avec lui, c'était moi.

La Comtesse.—J'en suis enchantée, monsieur.

Jean.—Oui, c'était moi qui venais pour acheter l'hôtel. Nous nous tenions à 50,000 francs, une bagatelle. J'ai fait signe au propriétaire, qui vous a dit alors qu'il venait d'être vendu. Quand j'ai vu qu'une personne comme vous le désirait, j'en ai eu encore plus d'envie.

La Comtesse. — C'est très-flatteur pour moi, monsieur.

Jean.—Mais aujourd'hui que j'en suis propriétaire, je le mets à votre disposition.

La Comtesse.—Pour quel prix ?

Jean.—Pour rien, si vous voulez.

La Comtesse.—J'attendrai que vous fassiez une diminution, monsieur, c'est un peu cher. (*Elle se lève et va à René qui cause avec Elisa et M. de Roncourt.*) Il vient de m'offrir un hôtel.

René.—Meublé ?

La Comtesse.—J'ai oublié de le lui demander.

Jean, *à lui-même.*—Cette fois j'ai dit une bêtise, une vraie.

Scene V.

Un domestique.—Les gens de M. le baron Giraud demandent s'ils doivent attendre M. le baron.

René, *à la comtesse.*—Le baron Giraud ! cela devient drôle.

Jean, *au domestique.*—Mon ami, dites à mes gens de m'attendre.... et attendez aussi, vous ; priez mes gens de ne plus m'appeler baron, quand je suis dans le monde ; c'est bon seul, puisqu'ils y tiennent absolument, mais j'ai bien assez d'autres ridicules involontaires, sans me donner volontairement celui-là. Et voici vingt francs pour votre commission. Allez.

Durieu, *à la comtesse.*—Il a de l'esprit, n'est-ce pas ?

La Comtesse.—Il est amusant.

Jean.—C'est vrai. On sait bien que je ne suis pas baron.

Mathilde.—Il va en dire trop, il va gâter son effet.

Jean.—Voilà M. René de Charzay, qui ne me reconnaît pas, ou qui fait semblant de ne pas me reconnaître mais que je reconnais bien, moi, et qui tôt ou tard pourrait dire qui je suis.

René.—Moi monsieur ?

Jean.—Vous-même ; seulement j'étais un grand garçon, que vous étiez encore un moutard. Quel âge avez-vous ?

René.—J'ai vingt-huit ans, monsieur.

Jean—Et moi, trente-sept. C'est une fière différence, allez. Comme vous ressemblez à votre père. C'était un brave homme, M. de Charzay.

René.—Vous m'intriguez beaucoup, monsieur, car je ne croyais vraiment pas avoir jamais eu l'honneur de me trouver avec vous. Il me semble que je me le serais toujours rappelé.

Jean.—C'est une méchanceté, ça, mais ça m'est égal, on m'en dit bien d'autres tous les jours. Vous souvenez-vous de François Giraud, qui était jardinier chez M. de Charzay, à son petit château de la Varenne !

René.—Parfaitement. C'était un très-honnête homme que mon père estimait beaucoup.

Jean.—C'était mon père.

René.—C'est vrai.... il avait un grand garçon.... comment, c'est vous ?

Jean.—C'est moi. Hé ! hé ! j'ai fait mon chemin, comme on dit. Il y a des gens qui rougissent de leur père, moi je me vante du mien, voilà la différence.

René.—Et qu'est-ce qu'il est devenu le père Giraud ? Oh ! pardon !....

Jean.—Ne vous gênez pas, nous l'appelons toujours le père Giraud. Eh bien, il est encore jardinier, seulement pour son propre compte. C'est à lui la maison que votre père a été forcé de vendre autrefois. Il n'avait qu'une idée, le père Giraud, c'était d'en devenir propriétaire ; je la lui ai achetée, il est heureux comme le poisson dans l'eau. Si vous voulez, nous irons déjeûner un matin avec lui, il sera bien content de vous voir. Comme tout change !.... hein ! Là, où nous étions serviteurs, nous voilà maîtres, mais nous n'en sommes pas plus fiers pour cela.

La Comtesse.—Il a passé le Rubicon des parvenus. Il a avoué son père ; maintenant on ne l'arrêtera plus.

Jean.—Il y a bien longtemps que j'avais envie de vous voir ; mais je ne savais pas comment vous me recevriez.

René.—Je vous aurais reçu avec plaisir, comme mon oncle vous reçoit. On ne peut reprocher à un homme qui a fait sa fortune que de l'avoir faite par des moyens déshonnêtes ; mais à celui qui la doit à son intelligence et à sa probité, qui en fait bon usage, tout le monde est prêt à faire l'accueil que vous avez reçu ici.

Jean.—Il n'est même pas bien nécessaire qu'il en fasse un bon usage ; pourvu qu'il l'ait gagnée, voilà l'important.

Madame Durieu.—Oh ! monsieur Giraud, vous gâtez tout ce que vous avez dit de bien.

Jean.—Je ne dis pas cela pour moi, madame, mais je sais ce que je dis : l'argent est l'argent, quelles que soient les mains où il se trouve. C'est la seule puissance que l'on ne discute jamais. On discute la vertu, la beauté, le courage, le génie, on ne discute jamais l'argent. Il n'y a pas un être civilisé qui, en se levant le matin, ne reconnaisse la souveraineté de l'argent, sans lequel il n'aurait ni le toit qui l'abrite, ni le lit où il se couche, ni le pain qu'il mange.... Où va cette population qui se presse dans les rues, depuis le commissionnaire qui sue sous son fardeau trop lourd, jusqu'au millionnaire qui se rend à la Bourse au trot de ses deux chevaux ?.... l'un court après 15 sous, l'autre après 100,000 francs. Pourquoi ces boutiques, ces vaisseaux, ces chemins de fer, ces usines, ces théâtres, ces musées, ces procès entre frères et sœurs, entre fils et pères, ces divisions, ces assassinats ? Pour quelques pièces plus ou moins nombreuses de ce métal blanc ou jaune qu'on appelle l'argent ou l'or. Et qui sera le plus considéré à la suite de cette grande course aux écus !.... Celui qui en rapportera davantage. Aujourd'hui, un homme ne doit plus avoir qu'un but, c'est de devenir très-riche. Quant à moi, ça toujours été mon idée, j'y suis arrivé et je m'en félicite. Autrefois, tout le monde me trouvait laid, bête, importun ; aujourd'hui, tout le monde me trouve beau, spirituel, aimable, et Dieu sait, si je suis spirituel et beau ! Du jour où j'aurai été assez niais pour me ruiner et redevenir, Jean comme devant, il n'y aura pas assez de pierres dans les carrières de Montmartre pour me les jeter à la tête ; mais ce jour est encore loin, et beaucoup d'autres se seront ruinés d'ici là, pour que je ne me ruine pas. Enfin le plus grand éloge que je puisse faire de l'argent, c'est qu'une société comme celle où je me trouve ait eu la patience d'écouter si longtemps le fils d'un jardinier, qui n'a d'autres droits à cette attention que les pauvres petits millions qu'il a gagnés.

Durieu.—C'est très-vrai tout ce qu'il vient de dire là, le fils d'un jardinier.... C'est étonnant, il voit notre siècle tel qu'il est.

Madame Durieu.—Eh bien, mon cher monsieur de Cayolle, que pensez-vous de tout cela ?

De Cayolle.—Je pense, madame, que les théories de M. Giraud sont vraies seulement dans le monde où M. Giraud a vécu jusqu'à présent, qui est un monde de spéculation, dont le but unique doit être l'argent. Quant à l'argent par lui-même, il fait faire quelques infamies, mais il fait faire aussi de grandes et nobles choses ; il est semblable à la parole humaine, qui est un mal chez les uns, un bien chez les autres, selon l'usage que l'on en fait ; mais cette obligation où nos mœurs mettent l'homme, d'avoir à s'inquiéter tous les jours, en se réveillant, de la somme nécessaire pour ses besoins, afin qu'il ne prenne rien à son voisin, a créé les plus belles intelligences de tous les temps. C'est à ce besoin d'argent que nous devons.... Franklin, qui a commencé, pour vivre, par être ouvrier imprimeur ; Shakspeare, qui gardait les chevaux à la porte du théâtre qu'il devait immortaliser plus tard : Machiavel, qui était secrétaire de la république florentine à 15 écus par mois ; Raphael, qui était fils d'un barbouilleur d'Urbin : Jean-Jacques Rousseau, qui a été commis greffier, graveur, copiste, et qui encore ne dînait pas tous les jours ; Fulton, qui a d'abord été rapin, puis ouvrier mécanicien, et qui nous a donné la vapeur, et tant d'autres. Faites naître tous ces gens-là avec 500,000 livres de rente chacun, et il y avait bien des chances pour qu'aucun d'eux ne devînt ce qu'il est devenu. Cette course aux écus dont vous parlez a donc du bon. Si elle enrichit quelques imbéciles ou quelques fripons, si elle leur donne la considération et l'estime des subalternes, des inférieurs, de tous ceux enfin qui n'ont avec la société que des rapports qui se payent, elle fait assez de bien d'un autre côté en éperonnant des facultés qui seraient restées stationnaires dans le bien-être, pour qu'on lui pardonne quelques petites erreurs. A mesure que vous entrerez dans le vrai monde qui vous est à peu près inconnu, monsieur Giraud, vous acquerrez la preuve que l'homme qui y est reçu, n'y est reçu que pour sa valeur personnelle. Regardez ici, autour de vous, sans aller plus loin, et vous verrez que l'argent n'a pas cette influence que vous lui prêtez. Voici madame la comtesse Savelli qui a 500,000 fr. de revenu, et qui, au lieu de dîner avec des millionnaires qui assiégent son hôtel tous les jours, vient dîner chez M. et Madame Durieu, de simples bourgeois, pauvres à côté d'elle, pour le plaisir de se trouver avec M. de Charzay, qui n'a que 1,000 écus de rente, et qui pour des millions ne ferait pas ce qu'il ne doit pas faire ; avec M. de Roncourt qui a une place de 1,500 fr., parce qu'il a abandonné toute sa fortune à des créanciers qui n'étaient pas les siens, et qu'il pouvait ne pas payer ; avec mademoiselle de Roncourt, qui a sacrifié sa dot au même sentiment d'honneur et de solidarité ; avec mademoiselle Durieu, qui ne sera jamais la femme que d'un honnête homme, eût-il pour rivaux tous les Crésus présents et à venir ; enfin, avec moi, qui ai pour l'argent, dans l'acception que vous donnez à ce mot, le mépris le plus profond. Maintenant, monsieur Giraud, si nous vous avons écouté si longtemps, c'est que nous sommes tous gens bien élevés ici, et que d'ailleurs vous parliez bien, mais il n'y avait là aucune flatterie pour vos millions, et la preuve, c'est qu'on m'a écouté encore plus longtemps que vous, moi qui n'ai pas comme vous un billet de mille francs à mettre dans chacune de mes phrases.

Jean, à *Durieu*. — Quel est ce monsieur qui vient de parler ?

Durieu.—C'est M. de Cayolle.

Jean.—L'administrateur du chemin....

Durieu.—Oui.

Jean, à *de Cayolle*.—Monsieur de Cayolle.... vous pouvez croire que je suis bien heureux de me trouver avec vous.

De Cayolle.—Je le crois, monsieur. (*Il lui tourne le dos.*)

De Roncourt, *à Durieu.*—De Cayolle a été dur pour notre parvenu.

Durieu.—Ces gens d'argent se détestent entre eux.

De Cayolle, *appelant.*—Durieu !

Durieu.—Cher ami ?

De Cayolle.—Où diable avez-vous connu ce Jean Giraud ?

Durieu.—C'est mon fils qui me l'a adressé ; ce n'est pas un mauvais garçon.

De Cayolle.—C'est possible ; je parie que vous faites des affaires avec lui.

Durieu.—Parbleu.

De Cayolle.—Prenez garde.

Durieu.—Il est plus malin que vous tôus.

De Cayolle.— C'est bien cela que je crains pour vous.

Durieu.—Mais moi, je suis plus malin que lui.

De Cayolle.—Adieu !

Durieu.—Vous partez déjà ?

De Cayolle.—Oui, j'ai beaucoup à travailler, et nous avons une séance demain. Au revoir.

(Il sort.)

Scene VI.

Jean *à Elisa.*—Ils disent du mal de moi, là-bas.

Elisa.—Qui peut vous faire faire une pareille supposition, monsieur ?

Jean.—Je sens ça, moi ; mais l'important, c'est que vous ne pensiez pas de mal de moi, vous.

Elisa.—Quel mal pourrais-je penser de vous, monsieur ? il n'y a pas une heure que je vous connais.

Jean.—Il ne faut peut-être pas plus de temps pour penser du mal des uns que pour penser du bien des autres. Il n'y a, moi aussi, qu'une heure que je vous connais, et je pense toute sorte de bien de vous.

Mathilde.—Monsieur Giraud ?

Jean.—Mademoiselle ?

Mathilde.—J'aurais un mot à vous dire.

Jean.—Je suis à vous, mademoiselle.

René, *à Elisa.*—Vous avez fait la conquête de M. Giraud.

Elisa.—Je commence à le croire.

René.— Si vous alliez devenir madame Giraud ?

Elisa.—Quelle folie !

La Comtesse.—Monsieur de Roncourt ?

De Roncourt.—Madame !....

La Comtesse. — Voulez-vous venir causer un instant avec moi ?....(*à René*). Soyez donc assez bon pour voir si ma voiture est là.

(René sort.)

Jean, *venant à Mathilde.*—Je suis à vos ordres, mademoiselle.

Mathilde.—Je suis chargé d'une commission près de vous, monsieur.

Jean.—Quelle commission ?

Mathilde.—J'ai à vous remettre 500 francs que vous avez eu l'obligeance de prêter à mon frère à Marseille.

Giraud.—Ce n'était pas pressé, mademoiselle, et si votre frère a encore besoin de cet argent....

Mathilde.—Non, monsieur ; ma mère, à qui il avait écrit de vous les rendre, regrette même de vous les avoir fait attendre si longtemps ; mais, vous savez une mère de famille n'a pas toujours 500 francs à donner pour une dette de son fils, surtout quand le père n'en doit rien savoir, car nous vous prions de n'en rien dire à mon père. C'est là un secret de jeune homme qui ne regarde que la mère et la sœur.

(Elle lui remet un petit portefeuille.)

Jean.—Mais, mademoiselle, vous me rendez cet argent dans un charmant petit portefeuille que je n'ai pas prêté à votre frère.

Mathilde.—C'est moi qui l'ai brodé, monsieur.

Jean.—Est-ce encore un secret ?

Mathilde.—Non, monsieur, c'est l'intérêt légal. (*Elle s'éloigne.*)

Jean, *à lui-même en comptant.* — Cinq cents francs. C'est bien cela. Ces gens du monde ont une façon de vous rendre l'argent qu'ils vous doivent.... qui vous fait croire un instant qu'ils ne vous le devaient pas.

De Roncourt, *à Elisa.*—Je vais te dire adieu, chère enfant.

Elisa.—Pourquoi ne restes-tu pas ici ce soir, puisque M. Durieu t'a offert une chambre ? tu t'en retourneras demain.

De Roncourt.—La comtesse m'a proposé de me reconduire, j'ai accepté. Elle a, dit-elle, à causer avec moi, je ne sais pas ce qu'elle peut avoir à me dire, et puis il faut que je sois demain matin de bonne heure à Paris. J'ai rendez-vous avec M. Petitet, l'avoué ; mes créanciers me font faire une proposition. En donnant 10,000 francs, je pourrais me libérer de tout ; mais où trouver ces 10,000 francs ?

Elisa.—M. de Cayolle te les prêterait peut-être dans une circonstance comme celle-là.

De Roncourt.—Peut-être ! enfin je vais toujours voir ce que me dira demain cet avoué.

(*Il l'embrasse.*)

René, *entrant, à la comtesse.*—Votre voiture est là.

La Comtesse.—Je vous verrai avant mon départ ?

René.—Cela va sans dire.

La Comtesse.—Et je vous mettrai au courant de ce que j'aurai fait pour vos protégés !...

Madame Durieu, *à M. Durieu.* — Le dîner était-il convenable, mon ami ?

Durieu. — Très bien, très-bien. A-t-il coûté cher ?

Madame Durieu.—Non.

Jean, *à Elisa.*—Est-ce que vous retournez à Paris ce soir, mademoiselle.

Elisa.—Non, monsieur ; je reste ici, je passe quelques jours avec Mathilde.

Jean.—Alors j'aurai le plaisir de vous revoir ?

Elisa.—Oui, monsieur.

La Comtesse, *à madame Durieu.*—Au revoir, ma chère madame Durieu.

Madame Durieu.—Vous ne vous êtes pas trop ennuyée ?

La Comtesse.—Je me suis beaucoup amusée, au contraire. Votre M. Giraud est très-drôle ; je l'inviterai un de ces jours pour moi toute seule. (*A Mathilde.*) A bientôt, chère enfant. (*Elle embrasse Elisa.*) Au revoir, mademoiselle.

Elisa.—Au revoir, madame.

Durieu. — A bientôt, comtesse ; à bientôt. (*Mathilde vient dire adieu à la comtesse, qui l'embrasse.*)

Madame Durieu, *à Mathilde.*—As-tu fait tes comptes de la semaine ?

Mathilde.—Ils ne sont pas terminés.

Madame Durieu.—Va les chercher et apporte-les-moi. Tu es en retard. Il faut les mettre au courant ce soir. Je vais accompagner un peu la comtesse ; je te retrouverai là. (*Elles sortent.*)

Scene VII.

René.—Eh bien, mon oncle, je m'en vais. Qu'est-ce que vous aviez à me dire ?

Durieu.—Voilà ce que tu vas faire. Demain matin tu m'écriras ceci : « Mon cher oncle, ne comptez pas sur moi pour dîner mercredi avec vous. J'ai trouvé en rentrant une lettre qui m'annonce pour ce jour-là une entrevue avec la personne dont je vous ai parlé. Vous savez que je suis amoureux et qu'il s'agit d'un mariage sérieux. J'irai vous porter des nouvelles, et s'il y a une démarche à faire, je compte sur vous. »

(*Pendant cette tirade, Jean s'est assis au piano et a joué* Il pleut, bergère, *avec un seul doigt.*)

René.—Voilà tout ?

Durieu.—Oui.

René.—Vous savez que je ne comprends pas...

Durieu.—Quand nous nous reverrons je t'expliquerai ce grand mystère.... En attendant, écris-moi la lettre.

René.—Vous l'aurez demain. Au revoir.

Durieu.—Au revoir, cher enfant.

Jean, *à René.*—Voulez-vous que je vous offre une place dans ma voiture, monsieur de Charzay?

René.—Je vous remercie beaucoup, je vais prendre le chemin de fer.

Jean.—Jusque-là....

René.—J'irai à pied.

Jean.—Je crois qu'il va pleuvoir.

René.—J'ai mon parapluie. (*A Elisa en lui donnant la main.*) Bonsoir.

Elisa.—Bonsoir. (*Il sort.*)

Scene VIII.

Durieu, *à Jean.*—Quel charmant garçon ! il ne lui manque que 25,000 livres de rente.

Jean, *à Durieu.*—Quand pourrons-nous causer ?

Durieu.—Est-ce que vous avez de bonnes nouvelles ?

Jean.—Je n'en ai jamais que de bonnes.

Durieu.—Ça va bien alors ; tant mieux ; car j'ai grand besoin d'argent, je vais marier ma fille, et les gendres sont chers par le temps qui court.

Jean.—Eh bien, si vous avez besoin d'argent, je puis vous faire faire une bonne opération.

Durieu.—Qu'est-ce que c'est ?

Jean.—Avez-vous touché les 40,000 francs que vous deviez recevoir ?

Durieu.—C'est pour demain ; du moins on me l'a promis.

Jean.—Eh bien, vous me les donnerez, vos 40,000 francs, et vous m'en direz des nouvelles.

Durieu.—Ah !

Jean.—En attendant, lisez ceci. C'est le projet de notre acte de société ; lisez-le bien attentivement, nous en causerons ces jours-ci. A bientôt.

Durieu.—Ah ! oui, oui. A propos, je voulais vous dire.... (*Il sort avec Jean.*)

(*Elisa reste seule ; elle fait quelques accords au piano, puis elle pose sa tête sur sa main et se met à rêver.*)

Scene IX.

Mathilde, *entrant.*—Qu'est-ce que tu fais là ?

Elisa.—Rien ; je feuilletais cette musique.

Mathilde.—Le dernier opéra de M. Max Hubert. Il nous l'a envoyé ; j'en ai joué quelques morceaux : ce n'est pas bon.

Elisa.—Je ne suis pas de ton avis. M. Max Hubert a beaucoup de talent.

Mathilde.—Il avait, tu veux dire. Du reste, c'est bien fait.

Elisa.—Qu'est-ce que tu as donc contre M. Max Hubert ?

Mathilde.—Je le déteste.

Elisa.—Parce que ?

Mathilde.—Parce qu'il t'a fait du chagrin.

Elisa.—A moi ?....

Mathilde.—On a beau être une petite fille, on voit bien des choses.

Elisa.—Et qu'est-ce que tu as vu ?

Mathilde.—J'ai vu qu'autrefois tu aimais M. Hubert.

Elisa.—Tu es folle.

Mathilde.—J'en suis sûre ; tu l'aimais.

Elisa.—Qui est-ce qui a laissé traîner le verbe aimer dans la maison ? Voilà une petite fille qui l'a trouvé et qui ne sait plus qu'en faire.

Mathilde.—Prends la chose en riant, je le veux bien ; il n'en est pas moins vrai que si tu ne t'es pas mariée, c'est que tu voulais être la femme de M. Hubert ou n'être la femme de personne.

Elisa.—Je ne me suis pas mariée, parce qu'une fille sans dot ne se marie pas, et c'est ainsi que j'ai atteint les vingt-quatre ans que j'ai aujourd'hui. Quant à M. Hubert, la preuve qu'il ne m'aimait pas, c'est qu'il a épousé une femme riche. Peut-être, s'il eût eu le courage de supporter quelques années de misère, fût-il devenu ce qu'il promettait d'être, un homme de génie. Au lieu de cela, il s'est endormi dans le bien-être et n'a plus fait en art ce qu'il était appelé à faire. Selon moi, un artiste doit rester maître de sa vie, la première condition de l'art étant la liberté. S'il se rencontre une femme assez folle pour l'aimer, assez heureuse pour être aimée de lui, elle doit lui sacrifier son existence toute entière, sans lui rien demander en échange. Telles sont, petite fille, mes idées sur les artistes en général et sur M. Hubert en particulier. Tu n'es pas tout à fait d'âge à les comprendre, mieux vaut même que tu ne les comprennes jamais. La vie ne t'a encore rien demandé ; tu es jeune, tu es riche, tu épouseras un homme de ton choix et tu seras une bonne épouse et une heureuse mère, pendant que d'autres subiront leur destinée comme Dieu la leur aura faite. Quels yeux tu ouvres !

Mathilde.—Je t'écoute.

Elisa, *l'embrassant.*—Ferme les yeux alors, j'ai fini. Qu'est-ce que tu tiens là ?

Mathilde.—Ce sont les comptes de la semaine, c'est la note du boucher, du boulanger....

Elisa.—Eh bien, fais tes comptes.... il faudra que tu saches compter si tu épouses ton cousin.

Mathilde.—Qui t'a dit ?

Elisa.—Moi aussi, j'ai des yeux, et je vois.

Mathilde.—Où vas-tu ?

Elisa.—Je vais me coucher.

Mathilde.—Reste donc un peu.

Elisa.—Tu voudrais me faire causer, mais c'est inutile ; je ne veux rien savoir et je ne veux rien dire. D'ailleurs, voici ta mère.

Scene X.

Madame Durieu, *rentrant.*—Eh bien ! as-tu les notes ?

Mathilde.—Oui maman.

Elisa.—Bonsoir madame.

Madame Durieu, *l'embrassant.*—Bonsoir, chère enfant. (*Elisa sort.*) Voyons.... Boulanger, 20 fr.... Boucher, 90 fr.... Epicier....

FIN DU PREMIER ACTE.

ACTE DEUXIÈME.

MÊME DÉCOR.

Scene I.

MADAME DURIEU, RENE.

René, *entrant, à madame Durieu.*—Bonjour, ma tante.

Madame Durieu.—Bonjour, cher enfant.

René.—Mon oncle n'est pas à....

Madame Durieu.—Il va venir ; mais je suis bien aise de te voir seul un instant, pour te dire, mon cher René, ce que je n'ai pas pu te dire l'autre jour, c'est que je ne suis pour rien dans les petites combinaisons de ton oncle....

René.—Que du reste je ne m'explique guère.

Madame Durieu.—Ton oncle te les expliquera. Tout cela le regarde. Il m'est interdit de me mêler de quoi que ce soit dans la maison, si ce n'est des économies. Ta mère et moi, nous étions sœurs, mais pas du même lit. Madame de Charzay a eu une petite fortune qui lui venait de sa mère et elle a épousé ton père qui l'adorait. Moi, je menaçais fort de rester fille, quand M. Durieu s'est présenté. C'était un bourgeois, mais il était riche, et il n'avait pas de concurrents. Mon père, qui était bien en cour, lui promit une place de préfet et le titre de baron. Le roi l'avait autorisé à faire cette double promesse. Le mariage se fit, et six mois après, la révolution de juillet arriva, la veille du jour où M. Durieu allait être nommé.

René.—Je comprends : il ne vous a jamais pardonné la révolution de juillet.

Madame Durieu.—Et il m'a fait sentir que je n'étais rien, malgré mes aïeux, qu'une pauvre fille qui a eu le bonheur d'épouser un homme riche. Il n'y a pas à lutter, vois-tu, contre la supériorité que donne dans le ménage, à l'un des époux, l'argent qu'il apporte à l'autre. Ma délicatesse m'exagéra peut-être ma dépendance, mais j'en arrivai à reconnaître que mon mari était dans son droit. Sans lui, aurais-je seulement des domestiques qui me servent ? j'aurais donné des leçons dans ma jeunesse, comme Elisa, et après, que serais-je devenue ? car que deviendra-t-elle ? Mes enfants eux-mêmes me semblent moins à moi qu'à leur père, car si je leur ai donné la vie, il leur donne plus que moi en leur donnant le moyen de vivre. Depuis vingt-deux ans, je fais les comptes, je les lui remets, il les paye, et je n'ai pas seulement 100 francs à moi dont je puisse disposer librement, à moins que je ne vende un des derniers bijoux qui me restent de ma mère, comme je l'ai fait dernièrement pour payer à M. Giraud les 500 francs que mon fils lui avait empruntés. Voilà, mon cher enfant, ce qu'on appelle faire un bon mariage.

René.—Mais je m'explique maintenant la présence de M. Giraud dans votre maison.

Madame Durieu.—Gustave a fait connaissance avec lui à Marseille, dans un cercle, et lui a emprunté 500 francs qu'il ne pouvait lui rendre. Il lui a donné une lettre pour moi et m'a priée d'acquitter cette dette. Je n'avais pas ces 500 francs, je suis devenue l'obligée de M. Giraud malgré moi. Pendant le temps que j'ai mis à me procurer de l'argent, il s'est impatronisé dans la maison et s'est mis au mieux avec M. Durieu, en lui promettant de lui faire gagner de l'argent.

René.—Toujours la même chose.

Madame Durieu.—Maintenant, cher enfant, tout ceci est entre nous. Voici ton oncle.

Scene II.

LES MÊMES, DURIEU.

Durieu, *à René.*—Ah ! tu es exact, mon garçon....

René.—Vous m'avez écrit de venir à onze heures, il est onze heures précises, bien que votre pendule marque onze heures et un quart.

Durieu.—La pendule avance donc ?

Madame Durieu.—Oui, mon ami.

Durieu.—Depuis quand ?

Madame Durieu.—Depuis quelque temps déjà.

Durieu.—Il faut faire venir le marchand qui l'a vendue....

Madame Durieu.—Il y a quinze ans que nous avons cette pendule, mon ami....

Durieu.—Cela ne fait rien.... le marchand l'a garantie.

Madame Durieu.—Mais le marchand est mort.

Durieu.—Il doit avoir un successeur. Avez-vous écrit les lettres que je vous ai priée d'écrire ?....

Madame Durieu.—Oui, j'ai écrit à votre tailleur de changer la doublure de votre paletot de l'année dernière.

Durieu.—Et au cordonnier?

Madame Durieu.—De vous faire deux paires de grosses bottines à doubles semelles.

Durieu.—Pour les pluies. C'est cela. Qu'est-ce que je voulais donc vous dire encore?... Ah!... la blanchisseuse est là.

Madame Durieu.—J'ai pris en note ce que vous m'avez dit.

Durieu.—Il me manque un mouchoir, et elle m'a rendu un gilet de dessous qui n'est pas à moi. C'est la même marque, mais ce n'est pas la même étoffe. Le gilet qu'elle m'a rendu est un croisé de coton et les miens sont en finette. C'est bien facile à reconnaître. Je ne comprends pas qu'il y ait eu une erreur.

Madame Durieu.—Elle sera réparée.

(Elle sort.)

Scene III.

RENE, DURIEU.

Durieu.—Tu es intrigué....

René.—Je l'avoue.

Durieu.—Alors, je ne vais pas y aller par quatre chemins. Tu as de l'esprit et tu es un bon garçon!....

René.—Oui, mon oncle.

Durieu.—Et tu sais bien que j'ai de l'amitié pour toi.

René.—Non, mon oncle.

Durieu.—Tu en doutes?....

René.—Votre amitié n'irait pas jusqu'à me prêter 25,000 francs?

Durieu.—Naturellement; mais il y a d'autres preuves d'amitié à se donner que celle-là.

René.—Et moins chères. Tranquillisez-vous; du reste, je ne compte pas vous emprunter d'argent.

Durieu.—Oh! je connais tes principes; tu es un garçon sérieux. J'ai reçu ta lettre; c'était bien ce que je t'avais demandé, mais ce n'est pas tout.

René.—A votre service.

Durieu.—Ce que tu m'as écrit là, il faudra que tu le dises à quelqu'un, mais plus clairement. Ta lettre n'était qu'un tirailleur; le coup a porté, il faut maintenant une charge à fond de train.

René.—Vous êtes plein de métaphores; vous me faites trembler, mon oncle, expliquez-vous.

Durieu.—Tu connais ma position vis-à-vis de ta tante....

René.—Est-ce que vous allez vous plaindre d'elle?

Durieu.—Non; mais ta tante n'a pas eu de dot comme madame de Charzay. Je l'ai donc épousée pour elle seule; c'est une bêtise que j'ai faite.

René.—Vous avez des résumés biographiques qui sont d'un grand bonheur. Votre femme est un ange.

Durieu.—Certainement; c'est une très digne femme, mais elle aurait eu un peu de bien à elle que cela n'aurait rien gâté. Si elle n'a pas toujours été heureuse avec moi, c'est à cause de cela; je l'ai bien vu, je le vois bien encore, j'en souffre, mais qu'y faire?

René.—C'est magnifique....

Durieu.—Tu dis?....

René.—Rien, mon oncle; continuez.

Durieu.—C'est pour en arriver à te dire qu'une fille sans dot qui épouse un homme riche fait une aussi grande sottise, en croyant faire un bon mariage, qu'une fille riche en épousant un homme pauvre. Il faut que les deux époux apportent autant l'un que l'autre; c'est une garantie réciproque. Qu'est-ce que c'est qu'un homme qui accepte de devoir toute sa fortune à une femme? Quand la société....

René.—Si nous nous asseyions, mon oncle....

Durieu.—C'est vrai, nous serions mieux. (Il s'assied avec René.) C'est moi qui ai payé l'éducation de mes enfants, c'est de moi qu'ils hériteront, c'est moi qui les doterai, il est donc tout naturel que je ne les laisse pas faire, le jour où ils se marieront, la sottise que j'ai faite.

René.—C'est très-juste. Après?....

Durieu.—Tu es de mon avis?....

René.—Parbleu! Si vous me dites ces choses-là, c'est pour que je sois de votre avis; sans cela, au train dont va la conversation, nous n'en finirions jamais.

Durieu.—Il n'est qu'onze heures dix.

René.—C'est bien commencer la journée.

Durieu.—Je n'ai rendez-vous avec Giraud qu'à midi.

René.—Ne vous gênez pas alors.

Durieu.—Allons droit au but. J'ai trouvé un parti excellent pour ta cousine.

René.—Tant mieux.

Durieu.—Cela te fait plaisir?....

René.—Naturellement.

Durieu.—Mais quand j'en ai parlé à Mathilde, sais-tu ce qu'elle m'a répondu?....

René.—Non.

Durieu.—Qu'elle t'aimait et qu'elle ne voulait pas être la femme d'un autre.

René.—Ce n'est pas bête. Je serais un mari excellent, moi.

Durieu.—Tu serais un mari excellent, mais tu es un parti détestable, entre nous.

René.—Ne discutons pas, je suis de votre avis. Alors, vous avez imaginé....

Durieu.—De te prier d'écrire cette lettre....

René.—Et vous l'avez montrée à Mathilde?

Durieu.—Oui.

René.—C'est très ingénieux; qu'est-ce qu'elle a dit?

Durieu.—Elle a pleuré.

René.—Eh bien, vous avez dû être content.

Durieu.—Très content; et elle m'a demandé si je savais de qui tu es amoureux, je lui ai dit qu'oui.

René.—Et de qui suis-je amoureux?

Durieu.—De la comtesse Savelli.

René.—Très bien. Vous faites bien de me prévenir.

Durieu.—Et tu vas l'épouser.

René.—C'est parfait; avez-vous prévenu le notaire.... il n'y aurait pas de mal à prévenir la comtesse aussi.

Durieu.—C'est inutile, elle est en voyage. D'ailleurs, elle n'a pas besoin d'être prévenue; elle est de la conspiration malgré elle, elle t'adore!

René.—Vous croyez?....

Durieu.—Tu le sais bien, mon gaillard, et si j'étais à ta place....

René.—Qu'est-ce que vous feriez?....

Durieu.—Je conduirais si bien ma barque....

René.—Que?....

Durieu.—Que je l'épouserais.

René.—Comment, vous dites qu'un honnête homme ne doit pas devoir la fortune à sa femme, et vous me conseillez, avec 3,000 livres de rente, d'essayer d'épouser une femme veuve, dix fois millionnaire!.... Vous avez donc des morales de rechange?

Durieu.—Qu'est-ce que je demande, moi, c'est que tu sois heureux.

René.—Et que ça ne vous coûte rien.

Durieu.—Pour en revenir à Mathilde, c'est toi qui dois lui faire entendre raison; c'est toi qui dois lui dire que tu ne veux pas d'elle.

René.—Et comment le lui dirai-je?....

Durieu.—Adroitement.... sans avoir l'air de rien.

René.—Je lui dirai : A propos, tu sais que je

ne veux plus de toi.... comme ce sera fin!....

Durieu.—Non. Tu lui annonceras ton mariage en causant; tu es censé ignorer qu'elle a eu connaissance de ta lettre. Tu ajouteras que tu pars, et pendant quelque temps....

René.—Il n'y aurait pas de mal qu'on ne me vît plus ici!....

Durieu.—Oui, elle te croira à Londres avec la comtesse, elle t'oubliera et tout sera dit.

René.—Autrement dit, vous me flanquez à la porte.

Durieu.—Tu es fou.

René.—Allez toujours, je suis habitué à votre caractère.... et comme vous vous en trouvez bien, vous auriez bien tort d'en changer. Eh bien, c'est convenu, je parlerai à Mathilde.

Durieu.—Aujourd'hui?

René.—Aujourd'hui même.

Durieu.—Tu es un bon garçon.

René.—Vous n'avez pas encore quelque chose de désagréable à me dire, pendant que vous y êtes?

Durieu.—Non.

René.—Allons, allons, vous êtes fièrement réussi, mon cher oncle; si jamais vous êtes malheureux, vous, cela m'étonnera bien.

Durieu.—Moi aussi.

Scene IV.

LES MÊMES, ELISA.

Elisa, *entrant.*—Le clerc de votre notaire est là, monsieur Durieu.

Durieu.—Je vais le trouver. Et le père, comment va-t-il?

Elisa.—Il m'a amenée. Il est avec madame Durieu.

Durieu.—Vous êtes tout à fait installés chez la comtesse?

Elisa.—Tout à fait.

Durieu.—Elle est partie?

Elisa.—Il y a trois jours.

Durieu.—Et vous êtes contents?

Elisa.—Très contents.

Durieu.—Allons, tant mieux. Je suis bien heureux pour vous.

Elisa.—Je vous en remercie.

Durieu, *à René.*—N'oublie pas Mathilde.

(*Il sort.*)

Scene V.

Elisa, *à René.*—On m'a dit que vous étiez là, j'ai voulu vous serrer la main. Vous faites le bien, et vous vous sauvez, comme tous les bons cœurs. Quel service vous nous avez rendu !

René.—C'est à la comtesse que j'en ai rendu un. On la volait ; il lui fallait un intendant honnête homme, je lui ai indiqué votre père ; elle s'ennuyait et voulait une compagne, une amie sur qui elle pût compter, je vous ai nommée. Je suis un passant à qui un autre passant demande son chemin, et qui montre la bonne route. Voilà tout.

Elisa.—Il y a longtemps que nous attendions ce passant-là.

René.—L'occasion m'a manqué longtemps.

Elisa.—Ce n'est pas la première preuve d'affection que vous nous donnez.

René.—Et la comtesse a été gentille....

Elisa.—Charmante. Nous habitons son pavillon, à l'entrée du parc, et l'hiver, nous aurons un étage dans son hôtel de Paris. Nous sommes chez les autres, l'orgueil en souffre un peu, mais il est impossible de faire le bien avec plus de grâce et de respect de la dignité des gens que ne l'a fait la comtesse. Elle donne quinze mille francs par an à mon père, c'est une fortune !.... Mon pauvre père ! je suis si heureuse pour lui !.... Tout le monde sait combien il est honnête, moi seule je sais combien il est bon. Ses créanciers lui avaient proposé une transaction moyennant dix mille francs ; il pouvait accepter, ces dettes-là ne sont pas les siennes, et, dans quelques jours, il ne devra plus rien.

René.—Mais ces dix mille francs ?

Elisa.—M. de Cayolles nous les a promis. Mon père les lui rendra dans le courant de l'année. Enfin ! qu'est-ce que je ferai jamais pour vous prouver ma reconnaissance ?

René.—Soyez heureuse, c'est tout ce que je vous demande.

Elisa.—Je le suis, mais il était temps que Dieu se souvînt de nous.

René.—Ça allait mal ?

Elisa.—Oh ! terriblement mal ; mon père se mourait de chagrin, pas pour lui, mais pour moi. Notre position était si différente de celle que nous avions eue jadis. On s'habitue quelquefois à ne pas avoir d'argent, jamais à n'en plus avoir. On ne croirait pas que les gens d'un certain monde, qui ont été riches, qui ont rendu des services, qui ont eu des amis, peuvent se trouver un beau jour, sans savoir comment ils dîneront.

René.—Ça a été aussi loin ? On ne s'en est jamais douté.

Elisa.—Je l'espère bien. Vous êtes le seul à qui nous l'aurions avoué, mais vous étiez trop bon. Nous n'osions pas vous le dire. Aujourd'hui c'est autre chose. Il y a un jour entr'autres que je me rappellerai toute ma vie, quand je vivrais cent ans. C'était un dimanche, l'été heureusement, nous nous sommes trouvés littéralement sans un sou. On nous devait encore une quinzaine de mille francs à cette époque, on nous les doit, on nous les devra toujours. Nous avions dîné la veille avec un petit pâté de douze sous, qui n'était pas gros, mais qui n'était pas bon non plus, et une belle carafe d'eau. Il était deux heures, nous n'avions rien pris. Nous connaissions une vieille dame, qui nous avait bien souvent invités à venir dîner chez elle, le dimanche, quand nous n'aurions rien de mieux à faire. C'est la formule avec laquelle on sauvegarde l'amour-propre des pauvres gens à qui l'on veut faire cadeau de temps en temps d'un dîner. Nous n'y étions jamais allés. Nous prenons notre courage à deux mains et nous partons, à pied, bien entendu, pour Neuilly. Elle habitait près de la porte Maillot. Nous arrivons à quatre heures. Nous l'apercevons de loin qui sortait de chez elle, avec sa bonne et son petit chien, et qui s'en allait du côté du pont. Elle ne nous avait pas vus. Nous entrons chez son portier, espérant qu'elle n'allait faire qu'une petite promenade, mais le portier nous dit : Cette dame vient de sortir pour aller dîner chez sa fille dont c'est la fête aujourd'hui. Nous nous sommes regardés, mon père et moi, sans pouvoir nous empêcher de rire, et nous avons repris notre chemin, en passant par les Champs-Elysées, pour nous distraire. Nous nous sommes assis sur un banc pendant une heure et nous avons regardé passer les voitures. Nous ne disions pas un mot. J'avais faim.... très faim. J'ai compris alors et j'ai excusé bien des fautes en remerciant Dieu de m'avoir fait le cœur assez fort, pour que l'idée ne me vînt pas de les commettre. Quand nous avons été reposés, nous sommes rentrés chez nous, nous nous sommes bien embrassés, mon père et moi, et nous nous sommes couchés.

René.—Et le lendemain ?

Elisa.—Le lendemain, vous êtes venu nous voir. Aviez-vous deviné notre situation, je le crois, car vous veniez de toucher la moitié de votre petite rente, et quand vous avez été parti, mon père m'a montré 200 francs que vous lui aviez prêtés. Vous nous avez sauvé la vie, M. René, et de plus, vous nous avez porté bonheur, car quelques jours après, mon père a obtenu la place qu'il demandait, et moi, j'ai trouvé deux élèves. Voilà de ces services qui lient éternelle-ment les cœurs honnêtes, aussi j'ai pour vous une bien franche et bien solide amitié.

René.—Et moi aussi je vous aime bien, et je me suis mis en tête que vous seriez heureuse.

Elisa.—Que voulez-vous donc de plus pour moi ?

René.—Nous vous trouverons un mari.

Elisa.—A mon âge, il est trop tard. Ma vie est finie de ce côté-là.

René.—Quelle plaisanterie !.... A vingt-quatre ans, on est une jeune femme.

Elisa.—Non. On est une vieille fille. Du reste, j'ai donné tout mon avenir à mon passé ; ce se-rait de l'ingratitude de le lui reprendre, au mo-ment où je vais être heureuse.

René.—Vous changerez d'avis.

Elisa.—Beaucoup plus tard, peut-être ; mais maintenant, aujourd'hui, voyez comme les femmes sont exigeantes, je voudrais encore n'épouser qu'un homme que j'aimerais.

René.—Eh bien ! vous aimerez un homme et il vous épousera.

Elisa.—Non. Voulez-vous que je vous dise, pour ne rien exagérer, comment je crois que j'en finirai avec la vie ?

René.—Dites.

Elisa.—Quand j'aurai trente-cinq ou quarante ans, à l'âge où je ne pourrai plus parler d'amour sans être ridicule, je rencontrerai un brave homme, veuf, ayant des enfants à élever et désireux de leur donner une seconde mère qui les soigne et les aime sans qu'ils puissent être jaloux d'elle. Mon père, il faut l'espérer, vivra encore, il aura mis honorablement un peu d'argent de côté, j'é-pouserai cet homme, et je terminerai mes jours dans une province, en faisant de mon mieux pour être utile aux orphelins. C'est encore un beau rôle à remplir, et c'est, entre nous, le seul que je puisse ambitionner.

René.—C'est une idée comme une autre, elle a du bon, et je comprends très bien ce genre de ma-riage. Un homme et une femme honorables et in-telligents tous les deux, que des circonstances quelconques ont éloignés du mariage pendant la première partie de leur existence, et qui, arrivés à l'âge mûr, mettent en commun des sentiments calmes, une philosophie douce et des goûts analo-gues, ces gens-là font un acte sensé, qui contient de grandes chances de bonheur. Moi, qui n'ai pas l'idée de me marier aujourd'hui, je serais homme à me marier ainsi plus tard.

Elisa.—Vous le croyez....

René.—J'en suis sûr, et, tenez, si dans dix ans, vous n'avez rien trouvé de mieux, si vous voulez, nous nous marierons. Nous nous retirerons en province avec un quatrième pour faire un whist, et nous finirons notre vie comme des bourgeois du Marais ; je suis sûr que nous serions très heu-reux. Cela vous va-t-il ?

Elisa.—Est-ce sérieux ?

René.—Très sérieux.

Elisa.—Eh bien, c'est convenu.

René.—C'est convenu, si vous ne trouvez pas mieux. Ce serait drôle, cependant, si cela finis-sait ainsi.

Elisa.—Mais non, cela me paraîtrait tout sim-ple.

René.—Nous avons peut-être dit des folies là.... heureusement, personne ne nous a enten-dus. (*Il lui baise la main.*)

Scene VI.

Les Mêmes, GIRAUD.

Jean, *entrant au moment où René baise la main d'Elisa.*—Je n'ai rien vu !....

Elisa, *redonnant sa main à René.*—Eh bien ! il faut que vous voyiez !....

René.—Quel est ce beau bouquet que vous portez là, monsieur Giraud ?

Giraud.—C'est un bouquet que j'apportais à mademoiselle, car je voulais aller chez la com-tesse, pour causer avec M. de Roncourt.... (*A Elisa.*) Voulez-vous bien accepter ces fleurs ?....

Elisa.—Avec grand plaisir, j'adore les violet-tes ; mais qu'est-ce qu'il y a donc là, autour de votre bouquet, monsieur Giraud ?
(*elle retire un bracelet qui entoure la queue du bouquet.*)

Jean.—C'est un ruban que j'ai fait mettre pour que les fleurs ne se séparent pas.

Elisa.—Vous pouvez le reprendre, maintenant que le bouquet est arrivé.

Jean.—Vous ne voulez pas accepter ce petit cadeau ?....

Elisa.—Non, monsieur ; pour les gens qui ne peuvent pas le rendre, un cadeau n'a de prix que s'il n'a pas de valeur. Je vais dire à mon père de vous attendre, puisque vous avez à causer avec lui ; cela vous épargnera la peine d'aller au châ-teau. (*Elle salue et sort.*)

Scene VII.

Jean.—J'ai encore fait une boulette, moi.

René.—Oh ! oui !....

Jean.—Il est pourtant très-joli, ce bracelet ; qu'est-ce que je vais en faire ?....

René.—Vous le donnerez à mademoiselle Flora.

Jean.—Vous savez donc....

René.—On m'a dit que vous aviez des bontés pour cette demoiselle, je vous en fais mon compliment.

Jean.—Vous la connaissez ?....

René.—Je l'ai vue.

Jean.—Est-ce que ?....

René.—Je ne lui ai jamais parlé.

Jean.—Ça ne fait rien, elle n'est pas causeuse, on peut même dire qu'elle est bête, mais elle est jolie, et puis c'est une fille très connue. Elle a compromis beaucoup d'hommes comme il faut ; ça me pose ; je l'ai enlevée à ces messieurs du Jockey.... ça change toutes leurs habitudes ; ils sont furieux, mais ils ne peuvent pas lui donner ce que je lui donne.

René.—Combien donc ?....

Jean.—5,000 francs par mois.

René.—Et des cadeaux ?....

Jean.—Non, tout compris. Du reste, je gagne tant d'argent ! Comme vous me regardez !

René.—Je vous trouve quelque chose de changé dans la figure.

Jean.—La barbe....

René.—Oui.

Jean.—Cela me va mieux, n'est-ce pas ?....

René.—Certainement.

Jean.—Et je suis mieux que l'autre jour. L'autre jour j'étais trop brodé.... je l'ai bien vu. (*Familièrement.*) Mais j'ai pris modèle sur vous, je ne pouvais pas mieux faire.

René.—Vous êtes bien bon.

Jean.—Vous me plaisez beaucoup.

René.—Je suis bien heureux.

Jean.—Et ça vous profitera. Voyons, causons de vos petites affaires. Est-ce qu'un homme de votre nom doit végéter avec 3,000 livres de rente ? Vous avez un capital de 60,000 francs, c'est énorme ? et dire que ça vous rapporte cinq pour cent. Vous me faites l'effet d'un homme qui s'obstinerait à prendre les gondoles pour aller à Versailles, au lieu de prendre le chemin de fer. Le cinq pour cent, c'est le coucou obstiné de la finance ; qui est-ce qui va en coucou aujourd'hui ?

René.—Ceux qui ont peur de sauter en chemin de fer.

Jean.—Est-ce qu'on saute ? Je sais comment vous avez été élevé, moi ; est-ce que vous êtes fait pour vivre comme un surnuméraire ?.... Vous êtes fait pour avoir des voitures, des chevaux, des domestiques, des maisons de campagne, des chasses. Est-ce que moi, le fils de votre jardinier, je puis souffrir que vous alliez à pied, quand je me promène en phaéton avec des chevaux de 12,000 francs que je ne sais pas conduire, et deux domestiques qui se demandent pourquoi ils sont derrière et moi devant ?.... A ma place, beaucoup seraient enchantés de vous humilier et de faire sonner bien haut devant vous quelques millions qu'ils auraient gagnés ; moi pas, et je vous ferai votre fortune, ou j'y perds mon nom, et je me fais appeler de la Giraudière.

René.—Je vous remercie, mon cher monsieur Giraud. Ma vie est arrangée, je la garde comme elle est.

Jean.—Enfin, si un jour l'envie vous en prend, donnez-moi la préférence. En attendant, il faut que nous nous voyions. Entrez chez moi de temps en temps, aux Champs-Elysées, c'est le chemin de tout le monde.... vous verrez mon hôtel, et je vous montrerai mes tableaux et mes statues, parce qu'on m'a dit qu'un homme, dans ma position, devait avoir le goût des arts. Je n'y entends rien du tout ; j'ai payé tout cela très cher, mais je crains bien que cela ne vaille pas grand'chose. Vous me direz ce que vous en pensez, vous me donnerez vos conseils. Je voudrais arriver à me faire une autre société que celle que je vois. Le matin, ça va encore : il vient des hommes à peu près comme il faut, pour que je leur fasse gagner de l'argent, car l'argent est l'argent, voyez-vous, ça attire toujours ; mais ces gens viennent chez moi comme ils vont chez leurs maîtresses, en se cachant. Quant à ceux qui viennent ouvertement me visiter et même qui se vantent de me connaître, il faut voir ce que c'est !.... Un tas de bonshommes qui me boivent mon vin, qui fument mes cigares, qui m'empruntent mon argent et qui détournent Flora de ses devoirs ; et les lettres qu'on m'écrit, et les gens qui ont fait des découvertes et qui veulent s'associer avec moi, et le chantage du suicide, ceux qui vont se poignarder si je ne leur envoie pas 10,000 francs, et les aveux que je reçois, et les infamies dont je suis le confident !.... Non.... il n'y a qu'un homme qui a fait fortune tout à coup qui puisse savoir ce qu'il y a de gredins à Paris.

René.—Le fait est que vous devez voir des choses curieuses.

Jean.—Ne m'en parlez pas ; mais maintenant que j'ai tâté des gens du monde, tous les gueux que je connais, je veux les flanquer à la porte. Me voilà déjà reçu chez M. Durieu et chez la comtesse Savelli ; vous savez que j'ai été la voir avant son départ....

René.—Ah !....

Jean.—Oui, tout bonnement.... ça n'est pas bête, hein ?

René.—Elle vous a reçu ?....

Jean.—Parbleu ! j'avais appris qu'elle était gênée ; je savais bien ce que je faisais.... je lui ai offert de lui faire gagner de l'argent, et qu'elle a été bien contente ! Eh bien, reçu chez M. Durieu, reçu chez la comtesse, mon affaire sera faite. La bourgeoisie d'un côté, la noblesse de l'autre, je touche à tout, et je suis lancé. Il ne me manquerait plus qu'une liaison avec une femme comme il faut : c'est cela qui me poserait. Cette comtesse Savelli est charmante.

René.—Entre nous.... n'y comptez pas.

Jean.—Ils sont trop verts, oui. Ce que j'ai de de mieux à faire alors, décidément, c'est de me marier, qu'en pensez-vous ?

René.—Vous êtes dans le vrai.

Jean.—Ah ! voyez-vous, je savais bien que j'avais une bonne idée.

René.—Avez-vous déjà des vues sur quelqu'un ?....

Jean.—Si je voulais, je n'aurais pas besoin de chercher bien loin.... votre cousine....

René.—Mathilde ?....

Jean.—Oui ; son père m'en a touché deux mots sans en avoir l'air. Il aime l'argent, le papa Durieu, car vous sentez bien que s'il me donnait sa fille, ce ne serait pas pour mes beaux yeux.

René.—Ah !.... Eh bien ?

Jean.—Eh bien, moi, je fais la sourde oreille.

René.—Pourquoi ?....

Jean.—Je suis un parvenu, je suis le fils d'un jardinier, je suis tout ce qu'on voudra, mais je ne suis pas un imbécile, puisque j'ai fait fortune ; et si je me marie, je ne veux pas d'une femme qui se croira quitte envers moi en m'apportant deux ou trois cent mille francs, qu'est-ce que c'est que ça ?.... et qui fera sauter mes petits millions dans une fricassée de dentelles, de cachemires et de diamants, tout en me faisant la grimace, pendant que je tiendrai la queue de la poêle. Non, il me faudrait une fille simple, heureuse de tout me devoir et que j'irais découvrir dans son obscurité, une fille comme mademoiselle de Roncourt.

René.—C'est bien pensé.

Jean.—N'est-ce pas ?

René.—Mais vous ne connaissez mademoiselle de Roncourt que depuis bien peu de temps.

Jean.—Qu'est-ce que cela fait ?.... Les gens comme moi, habitués à jouer des sommes importantes sur le moindre événement, décident de leur vie en cinq minutes, et puis je la trouve charmante ! Ce n'est plus une toute jeune fille ; elle a de l'esprit, elle est de noblesse ; elle ne voit plus le monde, mais, redevenue riche, elle pourrait le revoir et m'en ouvrirait les portes. Ce serait une recommandation pour moi d'avoir choisi une fille pauvre. Que voulez-vous ? le monde, c'est ma tocade. Les gens comme il faut me tournent la tête. Si mademoiselle Elisa veut de moi, dans quinze jours elle sera ma femme.

René.—Vous allez vite.

Jean.—Voilà comme je suis. J'aime au 15, j'épouse au 30.

René.—Mais, mademoiselle de Roncourt ne voudra pas de vous.

Jean.—Elle aura bien tort.

René.—Vraiment !

Jean.—Elle ne trouvera jamais mieux sous le rapport de l'argent. J'ai six millions à moi, on peut s'informer à la Banque, comme a fait M. Durieu, et j'en aurai bien d'autres ; il n'y a que le premier qui coûte. Je tiens mon affaire maintenant, je veux enfoncer tous les banquiers de la routine. J'ai des projets, des combinaisons gigantesque et très simples ; seulement c'est un bouleversement complet dans le système financier.... En attendant, je suis amoureux de mademoiselle de Roncourt et je veux l'épouser. Mais, dites-moi, elle a l'air bien sentimental cette fille-là.... Entre nous, croyez-vous qu'elle soit arrivée à son âge, sans....

René.—Sans quoi ?....

Jean.—Au pair, comme on dit à la Bourse...

René.—Monsieur Jean !....

Jean.—C'est que si j'y mets le prix, je voudrais au moins être sûr....

René.—Je crains que vous ne vous donniez beaucoup de peine pour rien, monsieur Giraud. Mademoiselle de Roncourt est une honnête fille d'abord, et qui n'a pas besoin de se marier pour sortir des embarras pécuniaires où son père et elle se trouvaient hier encore.

Jean.—Qu'arrive-t-il donc ?....

René.—M. de Roncourt est depuis trois jours intendant de la comtesse Savelli avec 15,000 fr. d'appointements.

Jean.—Tiens, tiens.... c'est donc pour cela qu'il m'a écrit de venir lui parler aujourd'hui chez la comtesse.... Mais savez-vous que c'est une rude affaire pour lui !.... et que s'il est malin, il fera sa fortune.

René.—Je ne sais pas si c'est un malin ; mais c'est un honnête homme.

Jean.—En affaires, il faut plus de malice que d'autre chose.

René.—Qu'est-ce que c'est donc que les affaires, monsieur Giraud ?....

Jean.—Les affaires, c'est bien simple, c'est l'argent des autres.

Scene VIII.

Mathilde, *entrant.*—Mon père va venir, monsieur Giraud ; il m'a chargée de vous prier de l'attendre. Vous permettez que je dise un mot à mon cousin ?

Jean.—Comment donc, mademoiselle, deux si vous voulez ; je vais faire des comptes pendant ce temps-là.

Mathilde, *à René.*—Tu te maries ?....

René.—Oui.

Mathilde.—Mon père m'a appris cette nouvelle.

René.—Je lui en ai parlé.

Mathilde.—Qui épouses-tu ?

René.—Une jeune fille.

Mathilde.—Ah !.... je croyais que c'était une veuve. Riche ?

René.—Très riche.

Mathilde.—Son nom ?....

René.—Il ne m'est pas encore permis de le dire.

Mathilde.—Tu sais que je ne crois pas un mot de tout ceci....

René.—C'est pourtant la vérité.

Mathilde.—Non ; tu veux faire plaisir à mon père, qui t'a demandé de jouer cette comédie, mais elle est indigne de toi.

René.—Ecoute, ma chère enfant, ton père....

Mathilde.—Mon père t'a dit que je t'aimais....

René.—Comme toutes les petites cousines aiment leurs petits cousins. C'est si commode pour une petite fille de ton âge de ne pas faire changer de place à son cœur et d'être toute transportée pour l'amour ; mais ces amours-là passent vite.... ce sont les lilas de la vie.

Mathilde.—De la poésie !.... Décidément tu ne m'aimes pas ; n'en parlons plus. Je ne te menace pas de me tuer ni d'entrer dans un couvent, ni même de ne me marier jamais ; je ferai au contraire tout mon possible pour t'oublier ; mais je veux que notre conversation, qui aura une si grande influence sur ma vie, en ait une sur la tienne.

Jean, *écrivant, à lui-même.*—Timbre et courtage....

Mathilde.—Me promets-tu de suivre le conseil que je vais te donner ?

René.—je te le promets.

Mathilde.—Toutes les femmes qui te connaîtront t'aimeront.

René.—Toutes ?....

Mathilde.—Oui. Tu représenteras, pour elles comme pour moi, le bonheur, parce que tu es le bien. Tu en aimeras certainement une un jour, car tu as ton cœur comme tout le monde ; tu es jeune, intelligent, de bonne famille, franc et loyal, il ne te manquera donc qu'une chose : l'argent. Tu es fier, tu as raison de l'être ; si tu aimais une fille pauvre, tu ne le lui dirais pas, car tu ne serais pas assez riche pour la rendre heureuse.

René.—C'est vrai.

Mathilde.—Si tu aimais une fille riche, tu le lui cacherais, pour ne pas même être soupçonné d'un calcul. Si tu étais riche, tu aurais peut-être pensé à m'aimer, tu m'aimerais peut-être ; je serais peut-être heureuse. Tu vois que je ne suis pas tout à fait la petite cousine. Juge, par l'émotion que tu éprouves en ce moment, de celle que tu éprouverais s'il te fallait renoncer à une femme que tu aimerais parce qu'elle serait plus riche que toi. Eh bien !.... puisqu'il n'y a entre toi et ton bonheur à venir qu'un obstacle d'argent, fais ta fortune ; cela doit être facile, il y a tant de sots qui s'enrichissent.

Jean, *comptant toujours.*—6,452 francs 15 centimes.

René.—Tu as raison.

Mathilde.—Tu te mettras à l'œuvre.

René.—Dès demain.

Mathilde.—Et quand tu seras heureux plus tard, tu te rappelleras que c'est à la petite cousine que tu le dois. Maintenant donne-moi la main, embrasse-moi bien fort et quoi qu'il arrive, comptons toujours l'un sur l'autre.

(*Il embrasse Mathilde sur le front.*)

Jean.—Ah ! ça, ce gaillard-là embrasse tout le monde.

Scene IX.

Durieu, *entrant.*—Bonjour, mon cher Giraud.

Jean.—Nous avons à causer.

Mathilde.—Nous vous laissons.

Durieu, *à René.*—Eh bien !....

Mathilde.—Eh bien, mon père, René m'a fait entendre raison. Vous pouvez me présenter M. de Bourville quand vous voudrez.

Durieu.—Il va venir tout à l'heure.

Mathilde.—Vous n'aurez qu'à me faire appeler, je vais rejoindre maman. (*Elle sort.*)

René, *à Durieu.*—Vous n'avez plus besoin de moi.

Durieu.—Non, au revoir.

René.—Merci, adieu!.... (*Il sort.*)

Scene X.

Durieu. *à Jean.*—Eh bien, mon maître, quoi de nouveau?....

Jean.—J'ai de l'argent à vous remettre.

Durieu.—Ça va donc bien?

Jean.—Très bien. La liquidation a été bonne. Vous avez acheté cent cinquante actions le 15, à 770, vous avez revendu fin du mois à 815, cela nous fait.... voyons : cela nous fait 6,750 fr. de gain, sur lesquels il faut déduire le courtage et le timbre, c'est-à-dire : 297 francs 85 centimes, c'est donc 6,452 francs 15 centimes que j'ai à vous remettre. (*Tirant les billets de sa poche.*) Mille, deux mille, six mille 455 francs, rendez-moi 2 francs 15 centimes.

Durieu.—Vous n'avez pas de monnaie?

Jean.—Non.

Durieu, *lui rendant 3 francs.*—Eh bien, vous me devrez 2 francs 3 sous.

Jean, *fouillant à sa poche.*—Non pas, non pas.... Oh! je suis très régulier en affaires. Attendez donc.... attendez donc.... les voici justement. Je ne vous dois plus rien maintenant. Avez-vous lu notre petit acte de société?

Durieu.—Oui.

Jean.—Vous convient-il?

Durieu.—Parfaitement. Mais....

Jean.—Nous nous constituerons pour un an d'abord.

Durieu.—Et pendant cette année?....

Jean.—Vous aurez un quart dans tous les bénéfices.

Durieu.—Et vous évaluez les bénéfices?....

Jean.—Pour vous... de 150 à 200,000 francs.

Durieu.—Et je ne mettrai dans la maison?....

Jean.—Que 100,000 francs; c'est assez beau. Seulement, la maison prendra le titre de maison Giraud, Durieu et Cie.

Durieu.—Oui.

Jean.—Commencez toujours par 100,000 francs.

Durieu.—Mais il faut les avoir.

Jean.—Voulez-vous les avoir vite?....

Durieu.—Je ne demande pas mieux.

Jean.—Je vous ai parlé d'une affaire....

Durieu.—Oui.

Jean.—Dans laquelle je vous ai conseillé de mettre 40,000 francs.

Durieu.—Oui.

Jean.—Vous deviez vendre une part dans des forges qui vous rapportent 7.

Durieu.—C'est vrai.

Jean.—Et vous deviez aller à Paris chercher les 40,000 francs.

Durieu.—J'y suis allé ce matin.

Jean.—Donnez-les-moi, et dans un mois d'ici je vous rapporte 60,000 francs au lieu de 40,000. Ça en vaut la peine; mais vous comprenez que ce que je fais pour vous je ne le ferais pas pour un autre.

Durieu.—Mais quelle est l'affaire?....

Jean.—Oh! l'affaire est un secret.

Durieu.—Comment, un secret?

Jean.—Oui. Je suis dans l'affaire, moi, que cela vous suffise.

Durieu.—Allons, dites-moi ce que c'est.

Jean.—Non!....

Durieu.—Vous m'en direz bien un mot....

Jean.—Pas une syllabe, c'est à prendre ou à laisser.

Durieu.—Et après?....

Jean.—Après....

Durieu.—Oui. Quand nous aurons touché, vous me mettrez au courant.

Jean.—Vous n'en saurez jamais rien.

Durieu.—Jamais, jamais?

Jean.—Jamais, jamais. C'est bien plus original. Où trouverez-vous une affaire plus commode?.... Vous me donnez quarante mille francs, je vous en rends soixante; c'est bien simple.

Durieu.—Et il faut absolument mettre quarante mille francs?....

Jean.—Pas un sou de moins.

Durieu.—C'est que je n'ai pas la somme.

Jean.—Vous n'avez donc pas touché ce matin?

Durieu.—Non, l'acquéreur m'a demandé un délai de deux jours.

Jean.—Dans deux jours, il sera trop tard.

Durieu.—Cependant, deux jours....

Jean.—Mon cher monsieur, vous sentez bien que l'argent ne peut produire cinquante pour cent en un mois qu'à la condition qu'il profitera instantanément des circonstances. Nous sommes des brûleurs, nous autres, nous faisons une affaire et nous passons à autre chose. Nous n'avons pas le temps d'attendre les bourgeois qui ont pris l'omnibus. Vous ne voulez pas, n'en parlons plus.

Durieu, *retenant Giraud.*—Mais enfin, les affaires sont les affaires, vous le savez aussi bien que moi ; si je vous confie mon argent, quelles garanties m'offrez-vous, en somme ?

Jean.—Est-ce que je vous offrirais des bénéfices, si je voulais vous donner des garanties ? Si je vous donnais des garanties, votre argent vous rapporterait 5 ; passé ce taux-là, on ne garantit rien : vos garanties, c'est mon intelligence et ma probité : il ne manquerait plus que je vous donne hypothèque sur une de mes maisons pour vous faire gagner 20,000 francs du 2 septembre au 1er octobre. Tenez, voulez-vous que je sois franc avec vous ?

Durieu.—Oh oui !

Jean.—Eh bien, vous avez des malices de bourgeois, cousues de fil blanc ; vous avez fait comme tout le monde dans ces derniers temps, vous avez joué à la Bourse ; vous croyant plus malin que les autres, vous avez perdu une trentaine de mille francs et vous voulez vous rattraper.

Durieu.—Vous me l'avez offert.

Jean.—Et je vous l'offre encore ; seulement, vous voulez que je vous fasse gagner l'argent sans vous dessaisir du vôtre : ce n'est pas vous qui aurez inventé cela ; vous prévoyez le jour où on viendra vous dire que j'ai fait banqueroute, et vous voulez pouvoir répondre : « Je m'en lave les mains, je ne perds pas un sou. » Mais, comprenez donc que si je m'occupe de vous enrichir, c'est que vous pouvez m'être bon à quelque chose : vous êtes un de mes prospectus, il faut que vous me rapportiez, sans cela je serais trop bête. Il faut qu'on sache que M. Durieu, l'honorable M. Durieu, a un intérêt dans ma maison ; on aura confiance en moi et l'on m'apportera les capitaux dont toute maison de banque a besoin en dehors des siens ; voilà mon calcul, j'ai donc plus d'intérêt à vous enrichir qu'à vous ruiner, et je n'ai point la moindre envie de vous voler vos 40,000 francs, ça n'en vaudrait pas la peine, ils ne quitteront pas ma caisse, mais je tiens à les avoir chez moi, sous clé, pour vous lier à moi, pour établir la solidarité des intérêts. Il y a un coup superbe, certain à faire à la fin du mois, si vous ne voulez pas en être, libre à vous ; si vous le voulez au contraire, tirez vos 40,000 francs qui sont dans votre poche, je vais me retourner pour ne pas vous voir, et donnez-les-moi ; le mois prochain vous aurez 20,000 francs de plus, est-ce fait ?....

Durieu, *mettant la main à sa poche.*—On ne peut rien vous cacher.

Jean.—C'est l'A B C du métier. Quel est le banquier qui ne lit pas à première vue sur la figure d'un client qu'il a de l'argent dans sa poche. Voyons, où sont-ils, ces pauvres petits billets ?

Durieu.—Les voici.

Jean, *les prenant.*—Ça vous fend le cœur.... voulez-vous les reprendre ? il est encore temps...

Durieu.—Non, gardez-les ; seulement, mon cher monsieur Giraud, rappelez-vous que c'est une partie de la dot de ma fille.

Jean.—Vous voulez m'attendrir, mais n'ayez pas peur, vous les reverrez. (*Il les met dans sa poche.*) Maintenant, je vous quitte.

Durieu.—Où allez-vous ?

Jean.—Je vais faire mes affaires.

Durieu.—Mais....

Jean.—Ah ! c'est que vous tenez à ne pas me perdre de vue....

Durieu.—Non ; mais c'est à cause du petit reçu.

Jean.—Quel petit reçu ?

Durieu.—Le reçu de ce que je viens de vous donner.

Jean.—Mon caissier viendra régler cela avec vous.

Durieu.—Aujourd'hui ?

Jean.—Ou demain.

Durieu.—C'est que demain je ne serai pas ici.

Jean.—Après demain, alors.

Durieu.—Eh bien, non, demain ; je puis remettre ce petit voyage, je l'attendrai....à quelle heure ?

Jean.—A neuf heures du matin.

Durieu.—C'est cela. Du reste, j'aurais pu passer moi-même à la caisse.

Jean, *se mettant à écrire.*—Tenez, vous me faites trop de chagrin... voilà le reçu... Allez vous-même à la caisse quand vous voudrez, et faites passer les écritures.

Durieu.—Oui, voyez-vous, c'est plus régulier.

Jean.—Est-ce tout ce que vous voulez ? faut-il vous rendre l'argent maintenant ?....

Durieu.—Non.

Jean.—Je puis partir alors ?

Durieu.—Oui. Ah ! à quelle heure s'en va votre caissier ?

Jean.—A cinq heures.

Durieu.—Il est une heure et demie.... Vous avez là votre voiture ?

Jean.—Oui.

Durieu.—Eh bien, emmenez-moi à Paris ; je ferai régulariser la chose tout de suite.

Jean.—Je vous mènerais au bout du monde, si je voulais, avec votre argent dans ma poche ; allons, venez ; mais vous vous serez promené aujourd'hui.

FIN DU DEUXIÈME ACTE.

ACTE TROISIÈME.

CHEZ M. DE RONCOURT. — CABINET DE LA COMTESSE.

Scene I.

DE CAYOLLE, UN DOMESTIQUE.

De Cayolle, *entrant*. —M. de Roncourt est-il là ?

Le Domestique. —M. de Roncourt est en affaires avec l'avoué de madame la comtesse. Si monsieur veut me dire son nom....

De Cayolle. —M. de Cayolle. Mais ne le dérangez pas, je vais l'attendre ici. Donnez-moi un journal. Madame la comtesse est-elle de retour ?

René, *entrant*. —Pas encore.

De Cayolle. —Ah ! c'est vous, mon cher René ; je suis bien aise de vous voir. (*Le domestique sort.*) Avez-vous des nouvelles de la comtesse ?

René. —Je ne sais pas ce qui lui est arrivé elle m'a écrit une lettre lugubre. Elle voulait entrer dans un couvent ; mais le surlendemain j'ai reçu une nouvelle lettre très gaie où elle m'anonçait qu'elle avait été entendre la *Norma*, que cela lui avait fait beaucoup de bien, qu'elle partait pour l'Ecosse et qu'elle serait de retour ici dans une quinzaine de jours.

De Cayolle. —Quelle charmante folle ! Et vous êtes venu pour me voir la semaine dernière ? J'ai trouvé votre carte chez moi.

René. —Vous étiez à votre inauguration.

De Cayolle. —Oui, nous avons été inaugurer notre nouvel embranchement. Est-ce que vous aviez quelque chose d'important à me dire ?

René. —Je voulais vous demander un conseil.

De Cayolle. —A votre service. Parlez.

René. —J'ai été pris de l'envie de gagner de l'argent.

De Cayolle. —C'est une bonne idée.... qui vient à beaucoup de monde.... Malheureusement, il n'y a qu'un moyen légitime de se procurer de l'argent, et comme une foule de gens ne veulent pas l'employer il en résulte une foule de malentendus.

René. —Et ce moyen, quel est-il ?

De Cayolle. —Vous le connaissez aussi bien que moi : c'est le travail.

René. —C'est un coup de patte, en passant...

De Cayolle. —Contre l'oisiveté. —Tenez, prenons le fils de Durieu pour exemple. A quoi sert-il, ce gaillard-là ? il ne sait rien, il ne fait rien... si.... il fait des dettes ; n'est-ce pas là une jolie occupation ? Savez-vous où il est maintenant ?

René. —Non.

De Cayolle. —Vous n'avez donc pas vu votre oncle ?

René. —Il y a quinze jours que je n'ai mis les pieds chez lui.

De Cayolle. —Eh bien, monsieur son fils est à Clichy.

René. —Le père doit être furieux.

De Cayolle. —Il est enchanté, au contraire. Il compte l'y laisser un an, et il a raison ; mais n'est-ce pas déplorable qu'un homme de vingt-deux ans, de bonne famille, qui aurait pu utiliser son intelligence, si peu qu'il en ait, débute dans la vie de cette façon-là. Ah ! quand nous aurons la conscription civile....

René. —Qu'est-ce que c'est que cela ?

De Cayolle. —C'est une conscription dont j'ai eu l'idée et qui est la chose du monde la plus simple. Elle servirait de pendant à la conscription militaire, et pourrait même la remplacer, car il est probable que, dans un temps donné, tous les peuples seront unis par les intérêts, les arts, le commerce, l'industrie, et que la guerre disparaîtra du monde. Alors la société ne demandera plus aux hommes que le tribut de leurs capacités intellectuelles. Quand un homme aura vingt et un ans, l'Etat viendra le trouver et lui dira : « Monsieur, quelle carrière avez-vous embrassée ? que faites-vous pour les autres hommes ?—Rien, monsieur.—Ah !.... voulez-vous travailler ?—Non, monsieur, je ne veux rien faire.—Très-bien ; vous avez donc une fortune ?—Oui, monsieur. —Eh ! bien, vous êtes libre de ne pas travailler ; mais alors il faut prendre un remplaçant. Vous allez nous donner tant par an pour que des gens qui n'ont pas de fortune travaillent pour vous, et nous allons vous délivrer une carte de paresse, avec laquelle vous pourrez circuler librement. »

René. —C'est très ingénieux ; mais à quoi occupera-t-on tous ces remplaçants ?

De Cayolle. —A la terre qu'on néglige trop. Si cela continuait, dans cinquante ans d'ici un laboureur coûterait 25,000 francs par an. Mais tout s'équilibrera et il y aura de la place pour tout le monde, quand tout le monde travaillera.

René.—Mais où prendra-t-on l'argent nécessaire pour payer tous ces travailleurs ?.... car le numéraire ne pourra peut-être pas s'augmenter dans la proportion du travail.

De Cayolle.—Ah !.... ah !.... cela vous intéresse donc, ces questions-là ?

René.—Mais oui....

De Cayolle.—Quand vous y aurez mis le nez une fois, vous ne voudrez plus en sortir ; rien n'est plus attachant que cette question de l'argent, qui est la question de tout le monde. Eh bien, quand le travail, capital sans limite, sera devenu général, comme en effet l'argent, le numéraire, capital limité, serait insuffisant pour représenter le travail, il est probable qu'on supprimera l'argent.

René, *riant.*—Ah ! ah !

De Cayolle.—Très-bien. Je m'attendais à cette exclamation. Je l'ai déjà entendue vingt fois.

René.—Mais par quoi remplacer l'argent, cela me semble impossible.

De Cayolle. — Impossible comme toutes les choses à trouver ; un jour cela ressemblera tout simple comme toutes les choses faites. Tenez, autrefois.... un Parisien achetait, je suppose, une maison de campagne à Marseille pour 100,000 francs. Qu'est-ce qu'il faisait ? Il mettait 100,000 francs en écus sur une diligence et les expédiait au vendeur en les faisant escorter de deux gendarmes. En route, les voleurs attaquaient la diligence tuaient les gendarmes et se partageaient l'argent. On renvoyait d'autres gendarmes à la poursuite des voleurs, on se battait encore. Enfin, les voleurs étaient pris, on les pendait et la société était vengée ; mais avouez que c'était se donner bien de la peine pour acheter une maison de campagne. Un jour, un monsieur qui avait une forte somme à payer à une grande distance, et qui était un homme honorable, s'est dit : « Mais à quoi bon faire porter cette grosse somme à mon créancier, qui sera forcé lui-même, s'il la doit à une autre personne, de la faire transporter, et ainsi de suite. A quoi bon déranger tant de gendarmes et tant de voleurs ? Je vais garder la somme chez moi, et écrire à mon vendeur que je la lui remettrai à sa première réquisition ; s'il a la même somme à payer, il enverra ma lettre à qui de droit, et ma lettre pourra faire le tour du monde, sans que le capital change de place. » Ce monsieur avait tout bonnement eu l'idée de la lettre de change, et à partir de ce jour-là, on

commença à s'apercevoir que l'argent n'était presque rien et que le crédit était tout.... Mais je n'en finirais pas, si je voulais vous initier à ces grandes questions, et ce n'est pas de cela qu'il s'agit : vous voulez gagner de l'argent en travaillant ?

René.—Oui.

De Cayolle.—D'où vous est venue cette résolution ?

René.—Elle m'est venue par le conseil que m'a donné une enfant, laquelle m'a fait comprendre par le cœur, comme vous par le raisonnement, qu'un homme de mon âge ne doit pas vivre sans rien faire, et que ce que j'appelais indépendance finirait peut-être par s'appeler égoïsme.

De Cayolle. — A la bonne heure. Eh bien, écoutez : je prépare une vaste opération dont je dois remettre les projets au ministre. Il s'agit tout simplement de défricher une partie des terres incultes qu'il y a en France. Venez me voir, et je vous donnerai un rapport à faire sur mon projet. Je vous fournirai tous les documents. Ce rapport vous coûtera beaucoup de peine, car vous n'êtes pas un homme de pratique, et vous y direz sans doute beaucoup de folies ; mais je verrai bien à quoi vous êtes bon et ce que je pourrai faire de vous.

René.—Voilà tout ce que je voulais, merci. Maintenant, encore un mot : que pensez-vous personnellemnt de Jean Giraud ?

De Cayolle.—Eh bien, ce Jean Giraud n'est pas bête, il s'en faut. C'est ce qu'on appelle, en affaires, un malin : il est réellement riche ; il y a des chances pour qu'il fasse une fortune immense. Il sera peut-être un jour, par ces capitaux et l'élasticité de ses moyens, une des premières puissances brutales avec lesquelles les administrations les plus sérieuses sont quelquefois forcées de compter. Ces puissances-là sont rares, beaucoup, avant d'arriver au but, s'écroulent dans le scandale ; mais il en est qui résistent, et alors deviennent incontestables. Pourquoi ces questions sur M. Giraud ?

René.—Parce que je tenais à avoir sur lui l'opinion d'un homme comme vous.

De Cayolle.—De Roncourt ne vient pas. Je n'ai pas le temps de l'attendre davantage. Vous restez ici ?

René.—Oui.

De Cayolle.—Voulez-vous bien vous charger de lui remettre ce petit paquet ?

(*De Roncourt entre.*)

Scene II.

LES MÊMES, DE RONCOURT.

René.—Voici M. de Roncourt.

De Roncourt.—Je suis désolé de vous avoir fait attendre, cher ami, mais j'avais une affaire très-importante à terminer. (*A René.*) Bonjour, René.

De Cayolle.—J'ai attendu en très-bonne compagnie. Je vous apporte....

De Roncourt.—Je comptais passer chez vous aujourd'hui pour vous remercier cher ami ; je n'ai plus besoin de cette somme.

De Cayolle.—Vos affaires sont arrangées?

De Roncourt.—Oui.

De Cayolle.—Ne craignez pas de me gêner, mon cher de Roncourt.

De Roncourt.—Cet argent m'est inutile, maintenant ; merci encore une fois et de tout mon cœur.

De Cayolle.—N'en parlons plus, et toujours à votre service. (*A René*) A bientôt, cher ami.

René.—A demain, si vous voulez.

De Cayolle.—De bonne heure ?

René.—De bonne heure.

De Cayolle, *à de Roncourt.*—Quand vous verra-t-on, vous ?

De Roncourt.—Dès que j'aurai un moment de libre, j'irai vous serrer la main.

De Cayolle.—Au revoir ! (*Il sort.*)

Scene III.

RENÉ, DE RONCOURT.

De Roncourt.—J'ai cru que je n'en finirais pas avec cet avoué....

René—Toujours pour les affaires de la comtesse ?

De Roncourt.—Elle me les a laissées dans un désordre !.... Elle a signé, avec son ancien intendant, des ventes, des locations, des reçus, des hypothèques !.... C'est à ne plus s'y reconnaître. Elle a fait afficher son hôtel du jour au lendemain, comme on affiche un appartement de garçon. Les acquéreurs ne manquent pas, mais les créanciers non plus. Ils ont pris peur ; ils se figurent qu'elle est ruinée, surtout depuis qu'ils savent qu'elle est partie. La vérité c'est que, malgré une fortune immense, elle est couverte de dettes ; aussi fait-elle des sacrifices énormes pour convertir ses propriétés en valeurs portatives. Elle a pu réaliser cinq cent mille francs qu'elle a confiés à M. Giraud. Pour le reste, elle m'a donné pleins pouvoirs et me laisse me débrouiller comme je l'entends, avec les créanciers et les gens d'affaires. Eh bien, tout compte fait, quand elle aura tout vendu et tout payé, il lui restera quatre-vingt ou cent mille livres de rente au plus. D'un autre côté, voici ce qui m'arrive à moi, personnellement. Vous savez que je redevais cent mille francs sur cette déplorable affaire d'autrefois ; il y a trois semaines, on m'offrait une quittance générale contre dix mille francs. C'est cette somme que de Cayolle m'apportait tout à l'heure.

René.—Vous lui avez dit que vous n'en aviez plus besoin.

De Roncourt. — Parce qu'aussitôt que mes créanciers ont appris que j'étais l'intendant de la comtesse de Savelli, ils sont revenus sur moi avec une procédure en règle et m'ont réclamé la totalité de la dette, me disant de choisir entre le payement et Clichy.

René.—Mais les propositions qu'ils vous faisaient dernièrement ?....

De Roncourt.—Rien de signé rien de fait. Savez-vous ce que l'homme d'affaires de mes créanciers a eu l'aplomb de me dire ?.... Il m'a dit : Tant pis pour vous, c'est votre faute ; vous avez été trop honnête.

René.—Quel joli reproche !....

De Roncourt.—Ils consentent cependant à me laisser tranquille si je prends l'engagement de leur donner 10,000 fr. par an sur les 15,000 que je gagne ; avant un mois d'ici, la comtesse saura parfaitement à quoi s'en tenir sur sa position. Elle me gardera près d'elle , j'en suis certain, mais avec 3 ou 4,000 fr. d'appointements. Il est vrai que la comtesse ayant besoin d'argent, on vient tous les jours m'offrir des pots-de-vin pour que je lui fasse certains marchés.... Oh ! si je veux, je peux payer tout ce que je dois en un an, donner une grosse dot à ma fille, et garder 10,000 livres de rente pour moi ; seulement la comtesse sera ruinée et je serai un voleur. Ce serait dur à commencer à soixante ans.

René.—Mais vous auriez payé : là est toute la morale de l'argent ; payez et vous serez considéré.

De Roncourt. — Vous comprenez, mon ami, qu'au milieu de toutes ces perplexités mon plus grand souci c'est l'avenir de ma fille. Sa situation est encore plus inquiétante qu'il y a un mois ; si je venais à mourir....

René.—La Comtesse.

De Roncourt.—Ne l'abandonnerait pas, je le sais bien ; mais vous connaissez Elisa, consenti-rait-elle à vivre de la charité ? Est-ce là un ave-nir pour elle? Et la comtesse ne peut-elle pas mourir aussi?

René.—Que faire alors.... Si j'étais riche...

De Roncourt.—Ah ! cher enfant, si vous étiez riche, je sais bien ce que vous feriez, mais vous ne l'êtes pas. Eh bien ! au milieu de toutes ces mauvaises chances, il s'en présente une bonne. M. Giraud aime Elisa, il me l'a dit comme à vous, et il est venu me demander officiellement sa main. Je lui ai répondu que je consulterais ma fille, qui est en âge de disposer d'elle, et il doit aujour-d'hui venir chercher sa réponse. Ce n'est pas là le bonheur comme le comprend Elisa, comme je le comprenais pour elle, mais c'est la fortune, c'est la tranquillité de mes vieux jours, c'est le bien-être matériel, c'est plus que tout cela, c'est la revanche d'un passé douloureux ; M. Giraud est un parvenu, il est parti de très-bas, il a ses ri-dicules ; mais il est millionnaire, et les million-naires qui épousent de pauvres filles sont rares dans tous les temps.

René.—Eh bien ?....

De Roncourt.—Eh bien, mon cher enfant, elle refuse.

René.—Connaît-elle votre position telle que vous venez de me la dire ?....

De Roncourt.—Oui.

René.—Et elle refuse toujours ?

De Roncourt.—Nettement. Je n'ai pas osé in-sister, moi, son père, craignant de lui imposer un sacrifice au-dessus de ses forces ; je lui en ai dé-jà imposé bien assez.... et puis....

René—Et puis ?....

De Roncourt, *avec émotion.* — Et puis.... je n'ai pas de secrets pour vous.... j'ai eu peur qu'elle n'eût, pour refuser ce mariage, des raisons qu'elle ne pourrait ni ne voudrait me donner.

René.—Que voulez-vous dire ?

De Roncourt.— Eh ! mon pauvre enfant, on dit et écrit beaucoup de choses sur l'argent ; on ne connaîtra jamais certaines situations qu'il crée, d'autant plus douloureuses, d'autant plus poi-gnantes, qu'elles doivent rester secrètes. J'ai ruiné ma fille, moi, pour une cause honorable, c'est vrai, mais enfin je l'ai dépossédée de l'héri-tage de sa mère, je l'ai privée de l'unique moyen que la société offre à une femme pour qu'elle soit heureuse épouse et heureuse mère. Elle ne m'a rien dit, elle ne m'a pas fait un reproche. Elle a accepté le sacrifice avec courage, avec noblesse,

avec bonheur. De quel droit viendrais-je aujour-d'hui lui demander les comptes de son cœur, à elle qui ne me demande pas les comptes de sa for-tune. L'homme qu'elle aimait paraissait bon et loyal, il avait du talent, de l'avenir, j'ai tout es-péré de son honneur et du temps. Pouvais-je d'ail-leurs surveiller ma fille minute par minute ? Ne fallait-il pas vivre? Ne fallait-il pas que j'allasse, dans un bureau, gagner mon pain de chaque jour, tandis qu'elle gagnait le sien de son côté. Quand j'ai appris que cet homme allait se marier, quand j'ai vu la douleur de ma fille, j'ai couru chez ce Max Hubert ; je lui ai demandé, à lui, la vérité que je n'osais pas lui demander à elle ; je l'ai supplié, moi, de ne pas abandonner mon enfant. Il m'a juré que son honneur n'était engagé en rien, qu'il était libre comme elle. Cet homme a-t-il menti ? Oh ! mon pauvre enfant, j'ai bien souf-fert depuis deux ans ; mais cela me fait du bien de pouvoir le dire enfin à un homme de cœur comme vous.

René.—Je vous remercie de cette preuve de confiance ; j'en suis digne, croyez-le. Vous avez raison ; il est des questions si délicates, qu'elles ne peuvent être agitées entre un père et sa fille. C'est là qu'un ami doit intervenir. Vous voulez que je voie mademoiselle de Roncourt ?

De Roncourt.—Oui ; vous m'avez deviné. Si vous me dites, après votre conversation avec Eli-sa, que le mariage est impossible, nous n'en par-lerons plus.

René.—Je suis certain que vous vous trompez et que tout s'arrangera.

De Roncourt.— Dieu vous entende ! mais la destinée me poursuit depuis plusieurs années avec une telle obstination, que, par moments, je m'a-voue vaincu et je doute de tout....

Le Domestique.—M. Jean Giraud.

René.—Il n'y a pas de mal que je cause avec lui avant de causer avec elle. (*Il serre la main de M. de Roncourt.*) A tout à l'heure.

(De Roncourt sort.)

Scène IV.

RENÉ, JEAN.

Jean, *entrant.*—Bonjour, mon cher maître. M. de Roncourt n'est pas là ?....

René.—Il y était à l'instant. Il va revenir.

Jean.—Et M. Durieu ?

René.—Je ne l'ai pas vu.

Jean.—Il est venu ce matin pendant que je n'y étais pas. Je tremblais de le rencontrer ici ; je le fuis.

René.—Déjà !

Jean.—J'ai eu jadis des gardes du commerce à mes trousses, je n'en ai jamais eu de la force de M. Durieu. Il ne ferait pas bon lui devoir quelque chose. Il ne me quitte plus. Quant à vous, on ne vous fera pas le reproche que je fais à votre oncle, c'est même tout le contraire ; mais j'ai eu de vos nouvelles.

René.—Par qui ?

Jean.—Par votre cousine, qui a joliment envie que vous fassiez fortune.

René.—J'y arriverai, je l'espère.

Jean.—Êtes-vous déjà engagé ?

René.—Dans quoi ?....

Jean.—Dans quelque affaire ?

René.—Non.

Jean.—Vous savez ce que je vous ai proposé... Usez de moi.

René.—Merci. La définition que vous m'avez donnée des affaires ne m'y encourage pas.

Jean.—Et vous comptez faire fortune ?

René.—Non ; je compte augmenter un peu la mienne.

Jean. — Comment vous y prendrez-vous, s'il vous plaît ?

René.—J'essaierai d'utiliser les facultés que Dieu m'a données, le courage, l'intelligence et la probité.

Jean.—Oui, oui, oui, c'est autre chose alors ; savez-vous ce que cela vaut au temps où nous sommes, les facultés que Dieu vous a données ? C'est un prix fait comme pour les petits pâtés. Le courage, ça vaut un sou par jour, si vous voulez vous faire un soldat ; l'intelligence, cent francs par mois, si vous voulez vous faire commis, et la probité, 3,000 francs par an, si vous pouvez arriver à être caissier. Maintenant, il y a un moyen de vous enrichir tout de suite et par vous-même.... Avez-vous une idée ?.... une simple idée, comme celle qu'a eue un monsieur, un jour, d'acheter en gros, pendant trois ans, aux boulangers de Paris, toute la braise qu'ils vendaient en détail aux petits ménages parisiens. Il a revendu trois sous ce qu'il payait deux, et il a gagné 500,000 francs. Ayez une idée de ce genre-là, votre fortune est faite. Mais vous ne l'aurez pas ; ces idées-là ne viennent qu'aux gens qui se promènent, l'hiver, à six heures du soir, sous une petite pluie fine, avec un habit râpé, dans des souliers douteux, en regardant s'ils ne trouveront pas dix sous entre deux pavés, et en se demandant comment ils souperont ; j'ai passé par là, moi, je sais ce que c'est ; mais vous, vous n'êtes pas un pauvre, vous êtes un homme qui n'est pas assez riche. Il y a une fière différence, allez !.... Il est vrai que vous êtes un homme du monde.... Eh bien, enrichissez-vous comme un grand seigneur. Vous avez bien des ressources que nous n'avons pas. Epousez une fille laide, élevée dans l'arrière-boutique d'un commerçant qui voudra tâter de la noblesse, ou bien encore....

René.— Assez, monsieur Giraud. Vous êtes dans le faux. C'est avec ces théories-là que vous vous faites du tort. Au lieu de ne chercher à gagner de l'argent que pour l'argent, préoccupez-vous moins des résultats et beaucoup plus des moyens. Faites votre possible pour vous rapprocher des hommes du genre de M. de Cayolle, et pour mettre l'intelligence que celui-là, par exemple, vous reconnaît, au service des grandes idées qu'il peut avoir. Vous êtes bien assez riche.... ce n'est plus d'argent que vous avez besoin : vous avez besoin de l'opinion, car vous avez des ennemis, et nombreux, il ne faut pas vous le dissimuler.

Jean.—Je le sais bien, et j'en suis fier. Il n'y a que les pauvres et les imbéciles qui n'ont pas d'ennemis. Mes ennemis.... mes envieux, vous voulez dire, si vous croyez que cela n'ennuie pas tous ceux qui restent en arrière, de voir un homme comme moi faire le chemin que j'ai fait. Mais ma fortune, je l'emploie donc mal ? j'en fais donc un mauvais usage ?.... Voyons, entre nous, car enfin il faut être juste, je veux me marier aujourd'hui, à qui vais-je m'adresser ? A mademoiselle de Roncourt. Avez-vous vu beaucoup de gens qui à ma place auraient eu cette idée-là ?.... Où est, parmi ceux qui me décrient, celui qui l'a eue ? J'aime mademoiselle de Roncourt, c'est vrai, mais enfin ce n'est pas une raison pour les autres, et Dieu sait quelles luttes j'aurai à soutenir dans ma famille.

René. — Eh bien, voyons, monsieur Giraud, laissez-moi vous donner un conseil. Je m'obstine à vous croire bon, malgré tout. Ce qu'on attaque en vous, je veux le rejeter sur votre première éducation, sur la misère, sur les difficultés de toutes sortes que vous avez dû rencontrer ; car mieux que personne je sais d'où vous venez, et je ne puis m'empêcher, à cause de cela même, de m'intéresser à vous. Entrez franchement dans une nouvelle voie. Vous voulez épouser une fille pauvre, c'est là une résolution honorable, si elle est sans arrière-pensée.

Jean.—Quelle arrière-pensée puis-je avoir ?

René.—C'est bien parce que vous aimez mademoiselle de Roncourt que vous voulez l'épouser ?

Jean.—Oui.

René.—Et vous voulez vous faire accepter par le monde dont elle est ?

Jean.—C'est tout naturel.

René.—Eh bien, ce monde, croyez-le, demande à ceux qu'il admet d'autres garanties que des garanties pécuniaires. Votre mariage va vous ouvrir quelques portes nouvelles ; ce cera à votre honorabilité de vous ouvrir les autres. Prenez bien garde. Maintenez-vous dans une ligne droite où vous ne puissiez rencontrer que d'honnêtes gens, et rappelez-vous que, quel que soit l'accueil qu'elle lui a fait d'abord, notre société rejette sans discussion celui qu'elle a jugé indigne de vivre dans son sein. Avez-vous bien réfléchi ? Etes-vous bien décidé ?

Jean.—Oui.

René.—Alors, je puis user de l'influence que j'ai sur mademoiselle de Roncourt pour la décider à ce mariage.

Jean.—Comment ! la décider ?

René.—Elle hésite. . . .

Jean.—Pour quel motif ?

René.—Quel que soit le motif, il ne peut être qu'honorable. Je le combattrai. . . . je l'ai promis à son père, je vous le promets.

Elisa, *entrant, à René.*—Mon père m'a dit que vous aviez à me parler.

René.—C'est vrai. . . .

Elisa.—Me voici. . . .

Jean.—Mademoiselle. . . .

Elisa.—Monsieur. . . .

Jean.—Je vous laisse avec M. de Charzay, puisque vous avez à causer ensemble.

(Il salue et sort)

Scene V.

RENÉ, ÉLISA.

Elisa.—Qu'est-ce que vous avez donc à me dire ?

René.—J'ai à vous parler de choses sérieuses. Vous savez ce que vient faire aujourd'hui M. Giraud chez votre père ?

Elisa.—Il vient chercher une réponse.

René.—Eh bien ?

Elisa.—Eh bien j'ai refusé.

René.—Pourquoi ?

Elisa.—Comment ! c'est vous qui me le demandez ? Parce que, je vous l'ai dit dernièrement, j'ai

encore trop de cœur pour épouser un homme je n'aime pas.

René.— N'avez-vous consulté personne à ce sujet ?

Elisa.—Dans ces questions-là, on ne prend conseil que de soi-même. Cependant M. Durieu, sa femme, Mathilde, m'ont conseillé ce mariage au point de vue de mes intérêts. La comtesse, à qui mon père en a écrit, m'a envoyé quatre pages d'exhortations.

René.—On vous a donné là de sages conseils.

Elisa.—Vous aussi, quelle cause plaidez-vous là ?

René.—Je plaide la cause de votre avenir.

Elisa.—Mon avenir est assuré maintenant.

René.—Non, et les embarras sont peut-être plus graves qu'il y a un mois, vous le savez bien.

Elisa.—Cependant mon père n'a pas insisté, lui !. . . .

René.—Il a eu peur, après votre refus formel, de paraître vouloir vous imposer un sacrifice plus grand que celui qu'il vous a demandé autrefois.

Elisa.—Alors, mon père désire ce mariage ?

René.—Votre père voudrait vous voir heureuse.

Elisa.—Et vous ?

René.—Moi, qui comprends tous les dévouements, je lui ai promis de vous décider.

Elisa.—Vous me conseillez d'épouser M. Giraud ?

René.—Oui.

Elisa.—Si vous aviez une sœur, lui donneriez-vous un semblable conseil ?

René.—Si j'avais une sœur, je pourrais faire pour elle ce que je ne puis faire pour vous ; car, bien que je vous aime comme une sœur et qu'elle se fût trouvée dans la position où vous vous êtes trouvée il y a deux ans, s'il se présentait pour elle un mariage comme celui qui se présente pour vous, si ce mariage pouvait, à mon point de vue, la rendre heureuse plus tard, et en tous cas lui apporter le bonheur matériel et la tranquillité des dernières années de son père, je lui prendrais les mains et je lui dirais : « Ce n'est pas le bonheur tel que tu l'avais rêvé, mais c'est peut-être la seule compensation que la vie puisse t'offrir aux chagrins du passé ; marie-toi, à moins. . . . »

Elisa.—A moins ?. . . .

René. — « A moins que l'amour que tu as éprouvé autrefois ne te mette dans l'impossibilité de te marier jamais. . . . » Et comme elle serait ma sœur, comme elle saurait qu'elle n'a pas de meilleur ami que moi, elle me dirait le secret de sa vie qu'elle n'a pu dire à son père, et. . . .

Elisa.—Et conseillée par un frère aussi dévoué, elle pourrait peut-être se marier.... quand même, n'est-ce pas ?

René.—Elisa !....

Elisa.—Vous vous êtes dit : Voilà une fille qui a probablement commis une faute ; moi qui suis un honnête homme, je l'épouserais peut-être malgré ce qu'on a pu dire, mais plus tard, dans dix ans, à l'âge où l'on ne demande plus compte à une femme de son passé ; et vous avez fait dernièrement à la pauvre fille l'aumône d'une espérance. Mais, aujourd'hui, il se présente un homme riche, le fils d'un ancien valet de votre père, peu importe, qui me fait l'honneur de me demander en mariage : c'est un grand bonheur pour moi. Et M. Giraud est bien bon en effet, car une fille pauvre, cela ne s'épouse pas, cela s'achète. J'aurais donc bien tort de ne pas l'épouser. C'est juste, je n'avais pas pensé à tout cela, et je dois me trouver bien heureuse ! Merci, monsieur de Charzay, vous m'ouvrez les yeux ; je ne voyais pas la vie sous cet aspect ; un mot de vous a fait plus sur moi que n'auraient fait peut-être les prières de mon excellent père. (*Elle sonne.*) Eh bien, c'est dit....

René.—Que faites-vous ?....

Elisa.—Je suis le conseil que vous venez de me donner. (*Au domestique qui entre.*) Priez mon père et M. Giraud de vouloir bien se rendre ici.

(Le domestique sort.)

René.—Adieu !

Elisa.—Oh ! ne vous en allez pas ; je veux que tous ceux qui ont intérêt à mon bonheur sachent bien à quoi s'en tenir sur ma vie.

(De Roncourt et Giraud entrent.)

Scene VI.

Les mêmes, DE RONCOURT, GIRAUD.

Elisa, *allant à Giraud.*—Monsieur, mon père m'a communiqué la demande que vous lui avez faite de ma main, êtes vous toujours dans les mêmes idées ?

Jean.—Toujours, mademoiselle....

Elisa.—En échange de cette preuve d'estime et de confiance, dont je vous serai éternellement reconnaissante, quoi qu'il arrive, preuve que pouvait seule donner à une fille sans fortune, un homme qui, lui aussi, a connu la misère, j'ai à vous donner, moi, une preuve de franchise et de loyauté, après laquelle vous serez encore libre de reprendre votre parole. Cette confession, je vous la fais devant mon père et M. de Charzay, qui est après mon père mon meilleur ami. J'ai dû épouser, il y a trois ans, un homme que j'aimais. Toutes mes espérances s'étaient réfugiées dans cet amour ; car, ruinée tout à coup, j'avais vu, en un instant, s'éloigner de moi tous ceux qui, la veille, recherchaient ma main, remplacés par ceux qui ont le courage d'apprendre à une pauvre fille que la misère et la beauté sont encore une fortune pour elle. L'homme que j'aimais était pauvre, il avait tout son avenir à faire ; je voulus attendre pour devenir sa femme que mon père ou moi nous eussions retrouvé une position qui nous permît de n'imposer aucune charge à mon mari. Cette situation dura un an ; pendant un an mon fiancé fut reçu par mon père comme un fils, par moi comme un frère. Au bout d'un an ses tentatives vers la fortune n'avaient rien produit. Il était bon, mais il était faible ; la lutte le décourageait. Il était aimé d'une fille riche dont la famille l'agréait. Il me dit de prononcer sur sa destinée, je lui rendis sa parole. Le monde jugea et commenta ma conduite de différentes façons, et des cœurs qui m'étaient chers ont peut-être douté de moi. Voilà le passé, monsieur, quant à l'avenir, je puis affirmer que je serai ce que j'ai toujours été, une honnête femme.

Jean, *à de Roncourt.*—Monsieur de Roncourt, je vous renouvelle ma demande. Voulez-vous m'accorder la main de votre fille ?

Elisa, *à de Roncourt.*—Etes-vous content, mon père.

De Roncourt.—Chère enfant....

Jean, *à René.*—Eh bien ?....

René, *à Jean.*—Vous vous conduisez comme un galant homme, monsieur Giraud.

Jean.—Vous m'approuvez ?....

René.—De tout mon cœur....

Jean.—Comme ils sont émus tous ! ces gens là sont plus forts que toi, mon ami Giraud. Ils t'ont mis dedans.

FIN DU TROISIÈME ACTE.

ACTE QUATRIÈME.

SALON CHEZ LA COMTESSE.

Scene I.

LA COMTESSE, MATHILDE, MADAME DURIEU, DURIEU.

Madame Durieu.—Que c'est aimable à vous, chère comtesse, de nous avoir fait prévenir tout de suite de votre arrivée ! Vous avez fait un bon voyage ?

La Comtesse.—Excellent ; et vous, mon cher monsieur Durieu, vous vous êtes toujours bien porté ?

Durieu.—Toujours, j'ai une santé de fer.

La Comtesse.—J'espère qu'il s'est passé des événements en mon absence.

Madame Durieu.—Et très-heureux tous.

Durieu.—Mademoiselle de Roncourt va faire un mariage superbe.

Madame Durieu.—C'est vous qui leur avez porté bonheur, au père et à la fille.

La Comtesse.—Le père est un bien digne homme.—Il a débrouillé mes affaires avec une intelligence et une loyauté inappréciables ; aussi...

Durieu.—Il y a des gens comme cela. Ils ne font bien que les affaires des autres.

La Comtesse.—Et M. de Charzay, qu'est-il devenu ?

Madame Durieu.—Il y a longtemps que nous n'avons entendu parler de lui....

Mathilde.—Il a quitté Paris pendant quinze jours.

Durieu.—Qui est-ce qui te l'a dit ?

Mathilde.—C'est M. de Cayolle.

La Comtesse.—Et où est-il allé ?

Mathilde.—En Sologne.

Durieu.—Ça ne peut être pour son plaisir.

Mathilde.—M. de Cayolle l'avait chargé de se mettre en rapport avec deux ou trois propriétaires, et de voir quels ont été, à son avis, les meilleurs résultats de fertilisation obtenus jusqu'à ce jour, ce qui est, par exemple, le plus économique de la marne ou de la chaux.

Durieu.—Tu dis ?

Mathilde.—Je dis que le sol de ce pays se divise en terres siliceuses, c'est-à-dire en terres contenant des pierres en grande quantité, et en ter-

res calcaires, renfermant beaucoup de chaux et quelquefois même de la magnésie ; alors....

Durieu.—Qu'est-ce que tu racontes....

Mathilde.—Je vous explique la composition du sol, et je vous expliquerai, après, les différents procédés de fertilisation.

Durieu.—Merci ! qu'est-ce que c'est que cette plaisanterie ?

Mathilde.—Papa, je ne plaisante pas.

Durieu.—Et où as-tu étudié la fertilisation de la Sologne ?

Mathilde.—Dans un gros livre d'agriculture.

Durieu.—Que tu as trouvé ?....

Mathilde.—Chez vous.

Durieu.—J'ai des livres d'agriculture ! moi....

Mathilde.—Oui papa, très-bien reliés, dans votre bibliothèque.

Durieu.—Tiens.... et tu les as lus ?

Mathilde.—J'ai voulu voir si René aurait beaucoup de peine à faire le travail que M. de Cayolle lui a demandé, et j'ai vu qu'avec de la patience et l'intelligence qu'il a, il s'en tirerait très-bien.... c'est très-intéressant l'agriculture !

La Comtesse.—Elle raison ; elle pourra faire ce que je n'ai pas fait, elle pourra faire valoir ses terres elle-même, quand elle sera mariée.

Mathilde.—Oh !! quand je serai mariée ! j'ai le temps d'étudier alors.

Durieu.—Tu es si difficile :

Mathilde.—Oh ! papa, vous ne pouvez pas dire cela.

Durieu.—On t'a présenté M. de Bourville, tu ne veux pas de lui.

La Comtesse.—Il est pourtant très-bien.

Madame Durieu.—Vous le connaissez, comtesse ?

La Comtesse.—Oui.

Durieu.—C'est un homme charmant.

La Comtesse.—Et dans une très-bonne position, je crois.

Mathilde.—Il n'est pas riche !

Durieu.—Comment, pas riche !

Mathilde.—Mais non.

Durieu.—Il a 250,000 francs.

Mathilde.—En terres.

Durieu.—Il peut vendre.

Mathilde.—Non. C'est un majorat régulier, c'est un immeuble inaliénable.

Durieu.—Où as-tu encore appris ?....

Mathilde.—Toujours dans la bibliothèque.

La Comtesse.—Mais, il a une tante....

Durieu.—Dont il est l'unique héritier, et qui est très-malade....

Mathilde.—Il n'y a plus d'espoir, elle est sauvée !

Madame Durieu.—Mathilde !

Mathilde.—C'est que je suis un très-bon parti, moi ! j'apporte 250,000 francs de dot... argent... sans compter les espérances.

Durieu.—Les espérances.... j'espère bien...

Mathilde.—Oh ! moi aussi, mon cher papa.... j'espère bien que vous vivrez longtemps ; mais le mot espérances.... signifie deux choses. Ce n'est pas ma faute, vous allez vous associer avec M. Giraud, vous allez faire une très-grande fortune.

Durieu.—Tu as un frère !

Madame Durieu.—Comment se fait-il que nous ne recevions pas de ses nouvelles ?

Durieu.—J'en ai reçu.

Mathilde.—Où est-il donc ? pourquoi ne revient-il pas ?

Durieu.—Il s'est trouvé.... arrêté en route (*A Mathilde.*) Tu sais....

Mathilde.—Je disais que je serai trop riche un jour pour épouser M. de Bourville.

Durieu.—Tu voulais bien épouser ton cousin !....

Mathilde.—Parce que je croyais l'aimer.

La Comtesse.—Vous ne l'aimez plus ?

Mathilde.—Non, Madame, il ne m'aimait pas ; du reste, je ne demande pas mieux que d'épouser M. de Charzay.... M. de Bourville, veux-je dire, si vous y tenez absolument ; mais peut-être se présentera-t-il quelque chose de mieux. Elisa, qui n'a rien, fait bien un très-beau mariage, pourquoi n'en ferais-je par un aussi beau ? d'autant plus que je sais ce qu'il me faut maintenant ; il me faut un homme mûr, très-mûr et que j'aimerai bien, comme un père.

Durieu, *à sa femme.*—Y comprenez-vous quelque chose ?

Madame Durieu.—Absolument rien.

La Comtesse.—J'ai fait un mariage dans ce genre-là, ce n'est donc pas à moi d'en dire du mal. Eh bien, chère enfant j'ai peut-être ce qu'il vous faut.

Mathilde.—Vraiment ?

La Comtesse.—Un parent à moi m'a écrit qu'il oulait se marier. Il est riche !

Mathilde.—Combien a-t-il ?

La Comtesse.—Dix huit cent mille francs.

Mathilde.—C'est magnifique !.... Quel âge ?

La Comtesse.—Cinquante-cinq ans.

Mathilde.—A merveille !

La Comtesse.—Mais il a la goutte.

Mathilde.—Quel bonheur !.... je le soignerai ; nous resterons ensemble au coin du feu, comme ce sera amusant ! Où est-il ?

La Comtesse.—Ah ! il est loin.

Mathilde.—Où donc ?

La comtesse.—A Batavia ; mais il ne demande qu'à revenir.

Mathilde.—Et croyez-vous que je lui conviendrai ?

La Comtesse.—J'en suis certaine.... d'ailleurs il s'en rapporte à moi.

Mathilde.—Eh bien, papa, qu'en dites-vous !... j'espère que voilà un bon mariage !

Durieu.—Est-ce que tu n'as pas peur d'être folle ?

Mathilde.—J'ai peur d'être trop raisonnable, au contraire.

Durieu.—Tu consentiras, toi, à vivre toute ta vie avec un homme de cinquante-cinq ans ?

Mathilde.—Toute ma vie, non, mais toute la sienne.... ce n'est pas la même chose. En tout cas, vous n'êtes pas pressé de me marier ; six mois de plus ou de moins, qu'est-ce que cela fait ?.... Madame la comtesse va écrire à son parent, il pourra être ici dans trois mois et demi. Il faut cinquante jours pour aller à Batavia.

Durieu.—Dis un peu où est Batavia ?

Mathilde.—C'est la capitale de l'île de Java... (*A Giraud qui entre.*) N'est-ce pas, monsieur Giraud ?

Scene II.

Les Mêmes, GIRAUD.

Jean.—Quoi, mademoiselle ?

Mathilde.—Que Batavia est la capitale de Java ?

Jean.—C'est bien possible, mademoiselle.... mais vous savez que je suis un ignorant, moi.... je ne connais que les pays avec lesquels je fais des affaires.... Batavia n'est pas encore coté. (*A la comtesse.*) Madame la comtesse, j'ai appris votre retour ; je viens mettre mes hommages à vos pieds.

La Comtesse.—Je suis enchanté de vous voir, mon cher monsieur Giraud.

Jean, *à madame Durieu.*—Votre santé est bonne, madame ?

Madame Durieu.—Excellente, monsieur.

Jean.—Et vous, mon cher Durieu ?

Durieu.—Je vais très-bien.... et nos affaires ?

Jean.—Ne parlons donc pas d'affaires devant les dames. Les affaires !.... elles vont toujours bien.

La Comtesse.—Mon cher monsieur Giraud, j'ai appris votre mariage prochain, je vous en fais tous mes compliments ; vous aurez là une femme charmante, que j'aime et que j'apprécie infiniment, et voici mon cadeau de noces : à Londres, j'ai rencontré un de mes amis, chargé d'affaires d'une principauté allemande ; il venait en Angleterre pour contracter un emprunt, au nom de son gouvernement, à des conditions fort avantageuses pour le prêteur. Je lui ai parlé de vous ; il sera ici dans trois jours, et vous proposera l'affaire. Ce sera pour vous un commencement de relations très-importantes et très-honorables.

Jean.—Comment vous remercier, madame ?

La Comtesse.—Et le soir de la signature de votre contrat, qui se signera chez moi, je vous présenterai à mes meilleurs amis ; un homme qui fait de sa fortune l'emploi que vous faites de la vôtre, mérite tous les encouragements possibles.

Mathilde.—Quel malheur, mon cher papa, que mon frère ne soit pas ici pour le mariage d'Elisa !

Jean.—Il y sera, mademoiselle.

Durieu.—Qu'en savez-vous ?

Jean.—Je viens de le voir.

Durieu.—Ou donc ?

Jean.—Chez moi.

Madame Durieu.—Comment se fait-il qu'en arrivant, sa première visite n'ait pas été pour son père ?

Jean.—Maintenant que le danger est passé, nous pouvons tout vous dire.

Madame Durieu.—Le danger ?

Jean.—Tranquillisez-vous, madame... Figurez-vous, madame la comtesse, que ce pauvre Gustave Durieu, à qui je serai toujours dévoué, car c'est à lui que je dois l'honneur de connaître toutes les personnes qui sont ici ; ce pauvre Gustave avait fait des lettres de change pour une misère....pour 6,000 fr., et on l'avait mené là-haut.

La comtesse.—Là-haut ?

Jean.—Oui ; c'est le terme dont se servent les gardes du commerce pour ne pas dire Clichy ; mais Gustave m'a écrit, et ce matin, j'ai fait payer Mathieu, c'est le garde en question, et Gustave a été mis en liberté.

Mathilde.—C'est très-bien cela, monsieur Giraud.

(*Madame Durieu essuie ses yeux silencieusement.*)

Durieu.—Vous vous êtes mêlé là, mon cher Giraud, d'une chose qui ne regardait que moi.

La Comtesse.—M. Giraud a fait son devoir : le fils de M. Durieu ne doit pas être à Clichy.

Durieu.—Ils y sont très-bien.... trop bien même, puisqu'ils y retournent. Je ne l'y aurais certainement pas laissé, mais je voulais lui donner une leçon.

Jean.—Vous la lui donnerez une autre fois ; il a fait des lettres de change, vous pouvez être tranquille, il en refera, puisqu'il y a encore des gens assez bêtes pour donner leur argent, leur bon argent contre des lettres de change de fils de famille. Si les jeunes gens s'entendaient, ils formeraient une société secrète, au capital d'un ou deux millions de lettres de change, ils les feraient escompter par ces misérables à 25 ou 30 p. 100, et moi, le banquier de la compagnie, je me chargerais de faire rapporter 60 p. 100 à l'argent encaissé : ce serait une spéculation certaine, on pourrait créer des actions.... secrètes, comme toutes les bonnes actions. Il y a une idée dans tout, vous le voyez, mon cher Durieu ; et en attendant, je ne pouvais pas permettre, dans mon intérêt même, que les fils de mon futur associé fût sous le coup d'une semblable poursuite ; la raison l'interdisait.... la raison sociale surtout.

Durieu.—C'est bien ! c'est 6,000 francs que je vous dois.

Jean.—Plus les frais ; mais je suis sans inquiétude, j'ai une couverture.

Madame Durieu (*à Jean.*)—Merci, monsieur.

Durieu.—Est-ce que monsieur mon fils est chez moi ?

Jean.—Il vous attend.

Durieu.—C'est bien, je vais le retrouver.

Le Domestique, *entrant.*—On vient d'apporter les étoffes que madame la comtesse a fait demander.

La Comtesse.—J'y vais, qu'on attende !.... Accompagnez-moi, ma chère madame Durieu ; ce sont des étoffes de robes pour notre mariée.

Durieu.—Adieu, comtesse !

La Comtesse.—Au revoir, mon cher monsieur Durieu.   (*Il sort.*)

Jean, *à la comtesse.*—Il est furieux ! Ces bourgeois sont tous les mêmes !

Madame Durieu.—Viens avec nous, Mathilde.

(*Elisa entre.*)

Mathilde.—Voici Elisa.... je reste avec elle.

(Elisa va à la comtesse et à madame Durieu, qui l'embrassent.)

La Comtesse.—Nous nous retrouverons là ; nous allons nous occuper de vous. (*Elles sortent.*)

Jean, *à Elisa.*—Moi aussi, mademoiselle, je vais m'occuper de vous ; c'est ma seule excuse pour vous quitter sitôt.

(Il lui baise la main, salue Mathilde et sort ; au moment où il ouvre la porte, il se trouve en face de M. Durieu.)

Jean.—Vous étiez encore là ?

Durieu.—Oui, je vous attendais.

(Ils referment les portes et s'en vont ensemble.)

Scene III.

ELISA, MATHILDE.

Mathilde.—Tu as complétement métamorphosé M. Giraud ; ce que c'est que l'amour ! il avait tout à l'heure des airs de grand seigneur qui font plaisir à voir, la comtesse ne le reconnaissait pas. Tu sais que tu vas être très-heureuse avec ce mari-là.

Elisa.—Tu le crois ?

Mathilde.—J'en suis sûre, il t'adore ! il nous a priées, maman et moi, de l'aider pour ta corbeille de mariage ; elle sera magnifique ; il ne trouvait rien de trop beau ni de trop cher ; il a vu la corbeille de la fille du duc de Riva qui épouse un prince valaque, il a voulu que la tienne fût toute pareille ; seulement il a jeté au milieu une grande rivière en diamants qui coule paisiblement entre deux rives de dentelles. Et comme on parle de ce mariage....

Elisa.—Que dit on ?

Mathilde.—Nous avons été exprès, maman et moi, faire des visites pour entendre ce que l'on disait : les femmes que tu as connues autrefois font une figure ! c'est si agréable de plaindre les gens ! on s'était si bien habitué à dire : Eh bien, cette pauvre mademoiselle de Roncourt, elle ne se marie donc pas ? mon Dieu, comme c'est malheureux ! Maintenant, ce n'est plus cela : mademoiselle de Roncourt épouse un financier, elle va être très-riche ; elle est protégée par la comtesse Savelli, elle va avoir une des bonnes maisons de Paris ; on ne peut plus la plaindre, c'est bien triste !.... il faut l'envier.... et alors on dit : Il faut avouer qu'elle a du bonheur.... sans fortune, faire un pareil mariage, quand il y a tant de filles à marier dans une meilleure position qu'elle.... A entendre certaines gens, quand on a du bonheur, il semblerait toujours

qu'on le prend à quelqu'un. Le bonheur vient pourtant de Dieu, il est bien libre de le distribuer comme il l'entend, et qui est-ce qui mérite plus que toi d'être heureux ou heureuse ? car je ne sais pas s'il faut le masculin.

Elisa.—Tu es charmante !

Mathilde.—Non ; je t'aime bien, voilà tout. Du reste, tu as dû sentir aussi changer le vent autour de toi depuis que tes bans sont publiés.

Le Domestique.—Des lettres pour mademoiselle.   (*Il dépose les lettres et sort.*)

Elisa.—Voilà ma réponse ! ce sont les lettres d'aujourd'hui ; j'en reçois tous les jours autant.

Mathilde.—Et tu ne les lis pas ?

Elisa.—Je ne les lis plus.... je sais d'avance ce qu'elles contiennent.

Mathilde, *prenant trois lettres.*—Au hasard ! moi qui n'en ai pas encore lu une seule.... Commençons par la plus vilaine écriture. (*Elle lit.*) « L'homme que vous épousez est un scélérat. » (*Parlé.*) Rien que ça ! (*Elle lit.*) « Si vous voulez des détails, écrivez à M. Jules, poste restante *qu'il* vous en donnera.... Je vous salu.... » (*Parlé.*) Pas de signature.... seulement scélérat est écrit : c, é, l, é, r, a, et il n'y a pas d'*e* à salue. Une lettre anonyme, c'est toujours bien vilain ; mais sans orthographe, c'est encore plus laid.... qu'en penses-tu ?

Elisa.—Voilà peut-être la dixième lettre de ce genre-là que je reçois.

Mathilde, *jetant la lettre au feu.*—Tu les a je tées au feu ?

Elisa.—Tout bonnement.

Mathilde.—Tiens, en voici une de Gabrielle Valbray.

Elisa.—Dont je n'ai pas entendu parler depuis quatre ans.... Tu te la rappelles ?

Mathilde.—Je le crois bien.... elle était dans les grandes à la pension.... quand j'étais encore dans les petites ; mais nous nous moquions tant d'elle ; elle était très orgueilleuse.... Son père s'était enrichi dans les suifs, et elle était toujours de mauvaise humeur parce que sa mère lui faisait porter des bouts de manche pour qu'elle n'use pas ses robes au coude, comme les écrivains publics. Elle a épousé M. Valbray, receveur particulier.

Elisa.—Et elle me complimente sur mon mariage ?

Mathilde.—Elle en est si heureuse que c'est à n'y pas croire. (*Elle jette la lettre au feu et en ouvre une autre.*) « Mademoiselle, au moment de votre mariage, permettez-moi de vous rappeler ma maison.... »

Elisa, *prenant la lettre.*—Benoît, marchand de nouveautés, qui nous a fourni pendant plusieurs années et qui a fait saisir chez nous pour 125 fr. N'en lis pas davantage.... c'est toujours la même chose ; parlons de toi, voyons, quand te maries-tu, toi aussi ?

Mathilde.—Oh ! moi.... je ne me marierai pas de sitôt.

Elisa.—Pourquoi donc ?

Mathilde.—Parce que, figure-toi, qu'on est forcé de me faire venir un mari de Batavia.... c'est de l'exportation.

Elisa.—Qu'est-ce que cela signifie ?

Mathilde.—Cela signifie que je veux gagner du temps.

Elisa.—Pour ?....

Mathilde.—Pour que René ait une position et puisse m'épouser.

Elisa.—C'est convenu entre M. de Charzay et toi ?

Mathilde.—Non, il ne s'en doute pas ; il ne soupçonne même pas qu'il m'aime, mais il m'aimera. Ce ne serait pas la peine que les verbes eussent un futur, si l'on ne s'en servait pas.... Il a suivi le conseil que je lui ai donné.... il s'est mis au travail.... quand il aura une position suffisante, il sera tout étonné de s'apercevoir qu'il m'aime.... Où trouvera-t-il une meilleure femme que moi ?

Elisa.—C'est vrai !

Mathilde.—Je suis très maligne, va ; j'avais écrit hier à la comtesse pour la prévenir, et elle est entrée très gentiment dans ma petite combinaison, sans même m'en demander la cause ni le but.... Si j'avais dit la vérité à mon père, il aurait poussé les hauts cris.... au lieu de cela, il va attendre patiemment le parent de la comtesse.... c'est un cousin à elle, le monsieur de Batavia que nous avons inventé. Voilà un homme qui va avoir des aventures, car tu comprends que son arrivée est subordonnée aux hasards des tentatives de René.... il va avoir la fièvre jaune, ce pauvre homme ; il va faire naufrage.... il sera sauvé.... il donnera de ses nouvelles ; enfin, il arrivera en France, à Paris même.... je veux qu'il vienne jusqu'à Paris, mais en mettant le pied hors du wagon, il glissera, tombera sur les rails et sera coupé en deux. Ce sera affreux, mais il n'y a pas moyen de faire autrement, tant pis pour lui ! René et moi, nous nous marierons au milieu des feux du Bengale, comme dans une pièce-féerie, et nous serons très heureux ! Mais

tu ne m'écoutes plus ! Qu'est-ce que tu as, tu pleures, Elisa ?

Elisa, *se jetant dans ses bras.*—Ma bonne petite Mathilde !

Mathilde.—Que t'arrive-t-il ?.... je ne veux pas que tu sois malheureuse ; et moi qui ne devine pas que tu as un chagrin.... Voyons, qu'as-tu ? que veux-tu que je fasse ?.... ne veux-tu plus épouser M. Giraud ?.... je le lui dirai, moi, si tu n'oses pas le lui dire.... je vais aller chercher ton père, je lui parlerai, moi.

Elisa.—Mon père n'est pas ici ; il s'occupe de tous les préparatifs de ce mariage qui se fera, qui doit se faire.

Mathilde.—Mais pourquoi pleures-tu ?

Elisa.—Ce n'est rien ; j'ai mal aux nerfs ! je suis ainsi depuis quelques jours. Ce brusque changement de position, ces faux témoignages de sympathie qui m'arrivent de tous côtés, les souvenirs de mon passé que toi-même as évoqués un jour devant moi, une sensibilité trop grande, surexcitée par ces derniers événements, tout cela ressemble au chagrin et me donne par moments des envies de pleurer. Affaire de nerfs, je te le répète ; tu vois, c'est passé.... cela m'a fait du bien de pleurer un peu.... Tu as eu une idée excellente ; comme tu seras gentille en mariée !

Mathilde.—Oui.... oui.... je serai très gentille.

Le domestique, *annonçant.*—M. René de Charzay.

Mathilde, *faisant un mouvement vers la porte.* —Il arrive bien.

Elisa, *essuyant ses yeux.*—Silence ! (*A Mathilde.*) Je te défends.... je te prie de ne lui rien dire.

Mathilde.—C'est bien.... sois tranquille.

Rene, *entrant.*—Bonjour, Mathilde.... ta mère t'attend en bas pour s'en aller avec ton frère qui vient la chercher.

Mathilde.—Gustave est là.... je m'en vais... Viendras-tu nous voir, maintenant que tu es revenu à Paris ?

René.—Certainement.

Mathilde, *à Elisa.*—A bientôt. (*A René.*) Je ne te dis pas adieu, alors. (*Elle sort.*)

Scene IV.

ELISA, RENE.

René.—Comment allez-vous ?

Elisa.—Très bien, je vous remercie.... Quand êtes-vous arrivé ?

René.—Ce matin.

Elisa.—Etes-vous content de votre voyage ?

René.—Oui ; le travail que j'ai fait me sera très utile, sous plus d'un rapport.... je l'ai envoyé à M. de Cayolle, j'attends sa réponse.... Et vous ?

Elisa.—Vous ne me donnez pas la main ?

René.—Au contraire, et de grand cœur.

Elisa.—Avez-vous vu la comtesse ?

René.—Je sais qu'elle est de retour.

Elisa.—Depuis hier.

René.—Je vais la voir ; elle est toujours bonne pour vous ?

Elisa.—Plus que jamais. (*Une pause.*)

René.—Et votre père ?

Elisa.—Mon père va bien.

René.—Il est heureux ?

Elisa.—Oui.... il a pris avec ses créanciers des arrangements beaucoup plus avantageux pour lui que ceux qu'ils lui proposaient.... quand ils ont su que j'épousais.... ils ne sont plus venus nous demander de l'argent ; ils sont venus nous en offrir.

René.—Le contrat n'est pas encore signé ?

Elisa.—Pas encore.... on doit le signer dans deux jours.

René.—Quels sont vos témoins ?

Elisa.—M. Durieu et M. de Cayolle, à qui mon père a écrit, mais qui ne nous a pas encore répondu.

René.—Alors, c'est irrévocable ?

Elisa.—Oui. (*Une pause.*)

René.—Nous ne nous verrons probablement plus beaucoup après votre mariage.

Elisa.—Pourquoi ?

René.—Si j'ai la place que M. de Cayolle m'a fait espérer, j'habiterai la province.

Elisa.—Mais vous viendrez quelquefois à Paris ?

René.—Le moins possible.... le travail va être ma grande distraction. Me permettrez-vous de vous offrir, comme le feront tous les gens qui vous aiment, mon petit cadeau de noce ? il ne sera pas brillant, car je ne suis pas riche.... mais il vous rappellera un ami qui ne vous oubliera jamais. J'ai fait faire cette bien simple bague exprès pour vous ; elle s'ouvre : il y a dessus le chiffre, et dedans des cheveux de ma mère.

Elisa.—Oh ! je ne m'en séparerai jamais. Votre mère était une sainte femme ; je suis bien heureuse de ce souvenir.... il me portera bonheur, j'en suis sûre.

René.—Elle vous rappellera les beaux projets que nous faisions dernièrement.... Voilà ce que c'est que de prévoir les choses dix ans à l'avance.

Elisa, *avec une émotion de plus en plus forte et qu'elle contient d'autant plus.*—Ne parlons pas de cela, je vous en supplie.... laissez-moi tout mon courage, dont j'ai si grand besoin.... Adieu !

René.—Vous avez raison ; adieu !

La comtesse, *entrant, à Elisa qui essuie ses yeux à la hâte.*—Ma chère Élisa.... ma couturière vous attend ; elle veut vous essayer des robes que j'ai choisies moi-même ; j'espère qu'elles vous plairont.... il y en a une rose pour le contrat et une blanche pour l'église. Je veux que vous soyez belle comme un ange.

(*Elle embrasse Elisa, qui sort.*)

Scene V.

LA COMTESSE, RENE.

La Comtesse, *à René.*—Tiens, vous étiez là !... voilà tout ce que vous dites aux gens que vous revoyez ?

René.—Pardonnez-moi, je n'ai plus bien ma tête.

La Comtesse.—C'est la Sologne qui vous met dans cet état-là.

René.—Ne vous moquez pas de moi.... je ne suis pas en train de plaisanter.

La Comtesse.—Ni moi non plus ; j'ai un très grand chagrin....

René.—Vous !

La Comtesse.—Moi-même.... cela vous étonne.... regardez-moi donc.... je suis toute changée.

René.—C'est vrai, vous êtes un peu pâlie....

La Comtesse.—Je ne fais que pleurer depuis trois semaines.

René.—Que vous arrive-t-il donc ?

La Comtesse.—C'est bien heureux que vous vous décidiez à me le demander.... Il m'arrive un très grand malheur.... d'abord, je suis ruinée.

René.—Ruinée !

La Comtesse.—Mais à peu près.... il me reste 100,000 livres de rente.

René.—Je le savais.

La Comtesse.—Et voilà toutes les consolations que vous m'offrez.

René.—Je ne peux pourtant pas m'attendrir sur votre sort parce que vous n'avez que 100,000 livres de rente.... il ne fallait pas vous ruiner.

La Comtesse.—Je ne vous retiens pas, si vous n'avez que ces choses-là à me dire.

René.—Pardon !

La Comtesse.—Qu'est-ce que vous avez ?

René.—C'est mon cœur qui a fait une maladresse.

La Comtesse.—Vous aimez ?

René.—Oui.

La Comtesse.—Et on ne vous aime pas ?

René.—C'est cela.

La Comtesse.—Vous voyez, philosophe, que vous êtes mortel comme nous, et il n'y a pas moyen de raranger cela ?

René.—Non.

La Comtesse.—C'est assez original.... nous voilà à peu près dans la même situation.

René—Ainsi, votre voyage à Londres....

La Comtesse.—Maladresse !.... Si je vivais dans la solitude où vous m'avez retrouvée, il y avait une raison, comme vous le pensez bien.... j'accomplissais un vœu qu'on m'avait fait faire.

René.—Qui ? on ?

La Comtesse.—Quand une femme de mon âge dit : *on*, il ne faut jamais lui demander qui !.... *On*, c'est tout le monde et ce n'est personne.... Eh bien, on était à Londres et j'attendais patiemment, moi, qu'on revînt à Paris.... on m'écrit qu'on est malade, et qu'on est forcé de retarder son départ de quelques jours.... j'écris que je vais partir.... on m'écrit de n'en rien faire.... Je pars.

René.—Naturellement.... et vous trouvez *On* bien portant.

La Comtesse.—Oui.

René.—Et faisant la cour à une autre femme ?

La Comtesse.—Qui est-ce qui vous a dit cela ?

René.—Je le devine.

La Comtesse, *après une pause.*—Dites donc... jai voulu me tuer.

René.—Vous ?

La Comtesse.—Moi !.... mais ce n'était pas par amour, c'était par orgueil. Songez que pendant que j'attendais ici, pleine de confiance, et pendant que je m'embarquais, moi qui ne peux pas supporter la mer.... j'étais trompée si indignement et que j'étais ridicule ! Je ne pouvais pas me faire à cette idée ; heureusement, j'ai retrouvé des amis qui ont fait tout ce qu'ils ont pu pour me distraire.... J'allais au spectacle.... j'allais au bal.... où j'avais beaucoup de succès, et je pleurais en rentrant chez moi ; mais on a cru à mon indifférence, on est devenu jaloux, on m'a écrit, on m'a attendue à ma porte.... j'ai refusé de recevoir, et quand j'ai été bien sûre qu'on était malheureux, je suis repartie.

René.—Et maintenant ?

La Comtesse.—Maintenant je n'aime plus.

René.—Vous en êtes sûre ?

La Comtesse.—Oh ! je crois même que je n'ai jamais aimé.

René.—Prenez garde, qui veut trop prouver....

La Comtesse.—Vous allez voir que c'est sérieux.... On m'a suivie à Paris.... on se repent.... on veut me donner toute sa vie.... on me supplie de pardonner et on veut être mon mari.

René.—Pardonnez.... c'est une vengeance !

La Comtesse.—J'en ai trouvé une meilleure.

René.—C'est ?....

La Comtesse.—C'est de répondre que je me marie et de me marier en effet.

René.—Avec qui ?

La Comtesse.—Avec un autre.

René.—Vous êtes une charmante femme.... Ecrivez : *Je pardonne.* Pliez, cachetez, mettez l'adresse.... Lord Nofton, place Vendôme.... et donnez-moi la lettre, je vais la faire porter.

La Comtesse.—C'est vous qui l'aurez voulu.

René.—Vous ne demandiez que cela.

(*Prenant la lettre.*)

La Comtesse.—Peut-être.

René.—Quand je vous disais que je finirai par faire les courses.

Un domestique, *entrant.*—Pour M. de Charzay.

René.—Pour moi.... Vous permettez, comtesse.

La Comtesse.—Certainement....

René, *lisant.*—« Mon cher ami.... on vient de me remettre votre travail, mais j'ai à vous parler de quelque chose de plus essentiel en ce moment. Je suis en bas ; je vois monter chez la comtesse quelqu'un avec qui je ne veux pas me trouver, surtout aujourd'hui : excusez-moi auprès d'elle, et tout à vous.

» DE CAYOLLE. »

René, *au domestique.*—C'est bien, j'y vais. (*Le domestique sort.*) Au revoir, comtesse.

La Comtesse, *lui donnant la main.*—Au revoir, mon ami.

Le domestique, *annonçant.*—M. Jean Giraud.

Jean.—C'est moi qui vous fais sauver, monsieur de Charzay ?

René.—Non pas.... je sortais quand on vous a annoncé.

Jean.—Mais nous nous reverrons, n'est-ce pas ?

René.—Certainement. (*Il sort.*)

Scene VI.

JEAN, LA COMTESSE.

La Comtesse. — Quel beau portefeuille.... monsieur Giraud.... Vous avez l'air d'un ministre.

Jean.—Mon portefeuille ne contient que des papiers personnels relatifs à mes affaires, et mon contrat de mariage que je viens soumettre à mademoiselle de Roncourt.

La Comtesse. — Mon cher monsieur Giraud, dans combien de temps nous donnerez-vous la réponse de notre grande opération?

Jean.—Dans huit jours, madame la comtesse.

La comtesse.—Sur quelle somme puis-je compter ?

Jean.—Sur 150 ou 200,000 francs.

La Comtesse.—Et le capital que je vous ai remis me rapportera ?....

Jean.—Pour être prudent, de 10 à 15,000 fr. par mois.

La Comtesse.—Notre première opération faite, je mettrai chez vous le reste de ce que j'aurai réalisé, et dans le cas même où je n'habiterais plus la France....

Jean.—Cela ne ferait rien du tout. D'ailleurs, M. de Roncourt ne serait-il pas toujours là pour surveiller vos intérêts ? N'oubliez pas le fameux emprunt que vous m'avez promis, madame la comtesse.

La Comtesse.—Soyez tranquille.... je n'oublie jamais. (*Elle sort.*)

Jean, *feuilletant ses papiers.—Seul.—*Voyons, voyons.... Ecrivent-ils assez mal, ces clercs de notaires ! (*Elisa entre.*)

Scene VII.

ELISA, JEAN.

Elisa.—Vous m'avez fait demander, monsieur Giraud ?

Jean.—Non pas, mademoiselle, non pas. Je vous ai fait dire seulement que je voulais causer avec vous de nos petites affaires.... Nous sommes assez grands tous les deux pour les traiter nous-mêmes, et je veux vous soumettre notre contrat, que je viens de prendre chez mon notaire, et recevoir vos observations avant qu'il soit mis au net....

Elisa.—Ce contrat ne me regarde pas, monsieur ; je n'apporte rien, vous apportez tout. Ce que vous ferez sera bien fait.

Jean.—Vous m'apportez beaucoup au contraire.... Vous m'apportez la grâce, l'esprit, le goût, les relations du monde, le bonheur enfin. Tout cela est sans prix et je ne le payerai jamais ce que cela vaut. Voyons. « Par-devant maître...» ont comparu M. Jean Giraud, banquier, d'une part, et mademoiselle de Roncourt ; lesquels dans la vue du mariage projeté entre eux, ont arrêté de la manière suivante les conditions civiles de cette union : « Article 1er . Il y aura séparation de biens entre les époux.... » Votre père m'a dit que vous désiriez que nous fussions mariés sous ce régime.

Elisa.—Oui, monsieur ; j'ai tenu à cette clause pour votre garantie personnelle.

Jean.—« La future aura l'administration de ses biens et la jouissance de ses revenus.

» Article 2. Apport de la future :

» Mademoiselle de Roncourt apporte en mariage et se constitue personnellement en dot :

» 1o Un trousseau à son usage, dentelles, cachemires, etc., estimé............ 25,000 »

» 2o Bijoux, diamants, estimés... 100,000 »

» 3o Une somme de un million en bonnes valeurs. »

Elisa.—Pardon, monsieur, pardon, je ne comprends pas.

Jean.—C'est pourtant bien simple ! je vous reconnais un million de dot....

Elisa.—Monsieur....

Jean.—Notre contrat est rédigé, sauf les noms, exactement comme celui de la duchesse de Riva.

Elisa.—La duchesse apporte réellement un million, tandis que moi....

Jean.—Mais l'homme qu'elle épouse n'apporte rien, ça revient toujours au même, et elle lui reconnaît 300,000 francs. Il se peut que nous nous séparions un jour, pour une cause ou pour une autre, il ne faut pas que vous soyez à la discrétion de votre mari. Il n'y a pas de mal que les grands seigneurs apprennent des parvenus comment il faut se conduire en certains cas.

Elisa.—Il est bien triste, monsieur, dans quelque condition que se fasse un mariage, de prévoir, avant que le contrat soit signé, la possibilité d'une séparation.

Jean.—En affaires, il faut tout prévoir. Et puis, je peux mourir. Je ne veux pas que vous ayez la moindre contestation avec mes parents, qui n'ont pas sur l'argent les mêmes idées que moi. Je meurs, les enfants héritent, vous reprenez votre dot, personne n'a rien à dire, et vous n'êtes pas forcée de vous marier une seconde fois.

Elisa.—Si le malheur veut que vous mouriez le

premier, monsieur, ce sera à vous d'avoir pris les dispositions que vous aurez cru devoir prendre, mais en dehors de moi. Cette aumône préventive et magnifique m'humilie et me blesse. Dans la position où je suis, j'accepte déjà trop pour accepter davantage. Il faut rayer cette clause, je vous en prie, je le veux....

Jean.—Mais si cette clause est autant à mon avantage qu'au vôtre ?

Elisa.—C'est autre chose, alors.

Jean.—Mon Dieu, oui : je suis dans les affaires, je les fais sur une grande échelle ; l'échelle peut casser. Il n'y a pas de mal que dans ce cas, je retrouve par terre une bonne somme qui m'aide à me relever. Avec un million on vit modestement, mais enfin on vit, ou l'on peut tenter de nouveau la fortune. Si je suis ruiné, si je perds plus que je ne possède, car on ne sait jamais.... vous réclamez votre dot et les créanciers n'ont rien à dire.

Elisa.—C'est vrai ! Je suis bien heureuse de votre franchise, monsieur Giraud, je m'explique enfin votre mariage.

Jean.—Oui. Vous aviez peur que je ne fusse un mari ordinaire, un vrai mari, jaloux, exigeant ; je comprends cela. Soyez tranquille : nous autres hommes d'argent, qui ne pouvons pas avoir d'amis véritables, ce que nous demandons surtout à notre femme, c'est d'être notre amie. Des femmes, il y en a partout, mais celle qui nous convient est difficile à trouver.

Elisa.—Oui, votre femme doit être un autre vous-même.

Jean.—Il faut encore qu'elle soit assez honnête pour ne pas se sauver un beau jour avec l'argent que nous sommes forcés de mettre sous son nom. C'est arrivé quelquefois. Je ne dis pas cela pour vous. Du reste, vous allez être très riche de votre chef ; il y a une foule d'opérations que vous...

Elisa.—Mais, dites-moi, monsieur Giraud, dans le cas où nous ferions de mauvaises affaires ?

Jean.—Eh bien, je vous l'ai dit, nous retrouverons toujours votre dot....

Elisa.—Et alors tant pis pour les créanciers. C'est que, vous savez, moi, je suis la fille d'un homme qui s'est ruiné pour payer les siens, ou plutôt ceux de son frère.

Jean.—Ce n'est pas la même chose. Des créanciers de Bourse d'ailleurs, ça ne compte pas ; la loi refuse de les reconnaître.

Elisa.—C'est juste. Mais s'ils attaquent mon contrat, que répondrai-je ?

Jean.—Que vous tenez votre dot de votre père..

Elisa.—Mon père est sans fortune.

Jean.—Il n'est pas sans fortune, il a une position : il est intendant de la comtesse.

Elisa.—Si l'on allait dire qu'il a volé pour doter sa fille ?

Jean.—On laisse dire. L'important est d'avoir la loi de son côté. Mais, du reste, nous ne ferons que des opérations très honnêtes et très sûres. Il faut que je vous dise encore....

Elisa.—C'est inutile, monsieur.

Jean.—Pourquoi cela ?

Elisa.—Je n'ai pas besoin d'en entendre davantage. Quand je pense que vous auriez pu ne me dire tout ce que je viens d'entendre qu'après notre mariage ! Qu'est-ce que je serais devenue ?

(Elle déchire le contrat.)

Jean.—Qu'est-ce que vous faites ?

Elisa.—Je déchire ce contrat.

Jean.—Vous ne voulez plus être ma femme ?

Elisa.—Pour qui me prenez-vous, monsieur ?

Jean, se levant.—Madame !....

René, *qui est entré pendant la fin de la scène, à Elisa.*—Retournez auprès de la comtesse : cet homme va vous insulter ; c'est inutile, je me charge du reste.

Elisa.—René !

René.—Ne craignez rien.

(Il la reconduit jusqu'à la porte de sa chambre. Elle sort. René revient à Jean, qui se dispose à sortir. Il lui tape sur l'épaule.)

Scene VIII.

RENE, JEAN.

Jean, se retournant.—Bon ! voilà l'autre. — Ah ! c'est vous ?

René.—Oui.

Jean.—Vous étiez là. Vous avez entendu ?

René.—Parfaitement.

Jean.—Eh bien, comment trouvez-vous l'histoire ? Elle est bonne, hein ! une fille qui a....

René.—Qui a aimé et qui vous en a fait loyalement l'aveu.

Jean.—Aimé ! aimé ! nous savons bien qu'une fille dans sa position n'a pas le droit de dire ce qu'elle dit ; si on l'épouse, c'est bien le moins qu'elle serve à quelque chose.

René.—Epousez mademoiselle Flora alors.

Jean.—Monsieur !....

René.—Mademoiselle de Roncourt, éclairée par sa seule conscience, a rejeté loin d'elle votre nom et votre fortune. Je revenais exprès pour lui apprendre tout ce qu'elle ne savait pas. On vient de me donner sur vous les détails les plus précis. Etes-vous bien sûr de ne pas être un voleur ?

Jean.—Vous m'insultez !

René.—Croyez-vous ? Vous avez commencé votre fortune en jouant avec un dépôt d'argent qui vous avait été confié par une femme dans une position telle qu'un scandale public lui était interdit....

Jean, *se retournant pour s'en aller.*—Ce n'est pas vrai ; et puis, je le lui ai rendu, son argent.

René, *le retenant.*—Ne bougez pas. Vous avez disparu une fois de la Bourse sans payer. Vous êtes de ceux qui la déshonorent.

Jean.—J'ai payé depuis.

René.—Et les actionnaires des mines que vous aviez découvertes, dont vous avez racheté les actions à 50 pour cent au-dessous du prix d'émission, qu'en dites-vous ?

Jean.—Les actionnaires !.... Ils ont été bien heureux.

René.—Et vous avez gagné un million dans cette affaire ! Ecoutez bien maintenant : Vous avez entre les mains des sommes importantes à madame Savelli et à M. Durieu ; comme il est inutile que vous leur emportiez leur argent, vous allez leur rendre ces sommes et vous ne reparaîtrez plus ici.

Jean.—Vraiment. C'est vous qui avez arrangé cela ?....

René.—Oui.

Jean.—Et si je n'y consens pas, moi.

René.—Je vous y contraindrai bien.

Jean.—Comment, s'il vous plaît ?

René.—Je vous démasquerai.

Jean.—Et les preuves ?

René.—Ma parole suffira.

Jean.—Allons donc !

René.—Je vous souffletterai alors.

Jean.—Ce sera une lâcheté : je ne me battrai pas. Est-ce que vous croyez que je serai assez bête pour me faire tuer par vous ? six millions contre soixante mille francs ; la partie ne serait pas égale, mon cher monsieur. Vous voulez du bruit, on en fera. Vous direz que j'ai volé, je dirai que ce n'est pas vrai, et je le prouverai ; et j'ajouterai que vous me cherchez querelle parce que je n'ai pas voulu épouser mademoiselle de Roncourt dont vous avez été l'amant !

René, *levant la main.*—Misérable !

Jean.—Ne me touchez pas ; j'appelle ! Vous m'ennuyez à la fin. Qu'est-ce que je vous ai fait, moi ? J'ai essayé par tous les moyens possibles de vous rendre service, vous ne m'avez jamais dit que des choses désagréables. J'en ai assez de vos sermons ; j'ai bien vu le rôle que vous vouliez me donner en me faisant épouser mademoiselle de Roncourt. Me suis-je plaint ? Je n'ai rien dit. Elle ne veut plus de moi, je ne veux plus d'elle, cela ne vous regarde pas, et je me moque de vous. Vous ne pouvez rien contre moi ; vous ne me ferez chasser ni de chez la comtesse ni de chez M. Durieu, parce qu'ils ont besoin de moi tous les deux, parce que, dans votre monde comme dans les autres, l'intérêt passe avant tout, parce que je suis leur argent enfin, et qu'on ne met jamais son argent à la porte. Là-dessus ne vous mêlez pas plus de mes affaires que je ne me mêle des vôtres, et vous n'entendrez plus parler de moi. Maintenant j'ai bien l'honneur de vous saluer.

(*Il sort.*)

(*René va prendre son chapeau. Il reste un instant pensif, puis il marche résolûment vers la porte, pour rejoindre Jean Giraud. Au moment où il va sortir, Elisa se met entre la porte et lui.*)

Elisa.—Mon ami, laissez cet homme, je suis si heureuse !

FIN DU QUATRIÈME ACTE.

ACTE CINQUIÈME.

CHEZ M. DURIEU, A PARIS.

Scene I.

LA COMTESSE, LE DOMESTIQUE, *puis* **DURIEU.**

La Comtesse, *entrant par le fond, au domestique qui entre par la droite.*—Vous avez prévenu M. Durieu ?....

Le Domestique.—Oui, madame la comtesse... Monsieur me suit. (*Il sort. Durieu entre.*)

La Comtesse.—Bonjour, mon cher monsieur Durieu.

Durieu.—Madame Durieu est sortie, comtesse...

La Comtesse.—Ce n'est pas pour elle que je viens, c'est pour vous....

Durieu.—Je suis à vos ordres.

La Comtesse.—Je comptais toujours vous voir ces jours-ci....

Durieu.—Si je ne suis pas allé chez vous, c'est non-seulement à cause de mes affaires, mais encore....

La Comtesse.—A cause de mademoiselle de Roncourt.

Durieu.—Justement : je suis père de famille avant tout, et après ce qui s'est passé, je devais m'abstenir....

La Comtesse.—Entre nous, que pensez-vous de cette affaire ?

Durieu.—Dame ! c'est très-grave ! Pour que le mariage ait été rompu au dernier moment, il faut une raison sérieuse. Ce Giraud est un très bon garçon.... c'était très bien ce qu'il faisait, d'épouser Elisa ; il y était décidé ; sa maison était toute prête à recevoir une femme ; il avait commandé une corbeille magnifique ; il reconnaissait un million à Elisa.

La Comtesse.—Eh bien, que vous a-t-il dit à propos de cette rupture ?....

Durieu.—Il m'a dit que, tout bon garçon qu'il était, il y avait des choses qu'il ne pouvait cependant pas accepter.... Et Elisa ?

La Comtesse.—Elle a repris tranquillement sa vie accoutumée.

Durieu.—Vraiment ?

La Comtesse.—Oui ... c'est une très honnête fille, ou une femme très forte. En attendant, je suis bien embarrassée : j'avais annoncé ce mariage, j'avais fait des invitations pour le contrat, j'ai dû décommander tout mon monde, et je ne sais quelle raison donner à ceux qui me demandent des explications. Si j'accuse mademoiselle de Roncourt, je ne puis la garder chez moi ; si je donne tort à M. Giraud, je ne puis plus le recevoir, je dois cesser tout rapport avec lui, et il a à moi des sommes importantes. Cela me contrarierait beaucoup de les lui reprendre, surtout en ce moment. D'un autre côté, M. de Roncourt parle de quitter ma maison pour ne pas exposer sa fille à se trouver avec M. Giraud, et il m'a rendu de tels services que je ne saurais le laisser partir sans ingratitude. Je suis très embarrassée et très ennuyée de toute cette affaire.... Elle est une des raisons qui me décident à partir.

Durieu.—Encore pour longtemps ?

La Comtesse.—Je vais probablement me fixer en Angleterre.

Durieu.—Tiens, c'est une idée nouvelle.

La Comtesse.—Non, j'y pensais déjà depuis longtemps.

Durieu.—Et quand partez-vous, comtesse ?

La Comtesse.—Le plus tôt possible.... N'est-ce pas aujourd'hui que M. Giraud doit vous donner la réponse pour cette fameuse affaire ?

Durieu.—Oui.

La Comtesse.—Rien ne m'empêche de partir demain.

Durieu.—Et vous laisserez toujours la même somme chez Giraud ?

La Comtesse.—Oui.... et vous ?

Durieu.—Moi aussi.... Après tout, les affaires de cœur de M. Giraud ne me regardent pas ; les questions d'argent sont en dehors de toutes ces choses-là.

La Comtesse.—Si vous voyez M. de Charzay, vous lui ferez mes adieux.

Durieu.—Vous ne l'avez donc pas vu ?

La Comtesse.—Je n'ai pas plus entendu parler de lui que s'il n'existait pas.

Durieu.—Nous ne l'avons pas revu non plus. Quel drôle de garçon !

La Comtesse.—Au revoir, mon cher monsieur Durieu.

Durieu.—Au revoir, comtesse.... Quand vous reviendrez à Paris....

La Comtesse.—Si vous venez en Angleterre... Mes amitiés à madame Durieu ; mais je ne partirai pas sans la voir.... Ne vous dérangez pas....

Durieu.—Mais si.... mais si....

(*La comtesse sort. Durieu disparaît un instant pendant que madame Durieu entre.*)

Scene II.

DURIEU, MADAME DURIEU.

Durieu.—Oh ! vous voilà, chère amie ?

Madame Durieu.—Je rentre à l'instant....

Durieu.—Une minute plus tôt vous auriez vu la comtesse. Voulez-vous que je la rappelle ?

Madame Durieu.—C'est inutile.

Durieu.—Elle part.

Madame Durieu.—J'irai lui faire mes adieux.

Durieu.—Du reste.... je suis bien aise de causer un instant avec vous.... vous allez me donner votre avis....

Madame Durieu.—Sur quoi ?....

Durieu.—Voici le fait : vous savez que Giraud est redevenu libre par suite de sa rupture avec les de Roncourt ?

Madame Durieu.—Oui.

Durieu.—Il a fait une demande vers moi.

Madame Durieu.—Pour?....

Durieu.—Pour me demander Mathilde.

Madame Durieu.—Que lui avez-vous répondu?

Durieu.—Rien encore.... je voulais vous consulter....

Madame Durieu.—Moi!

Durieu.—Vous. N'êtes-vous pas la mère de Mathilde?

Madame Durieu.—C'est vrai, mon ami, mais je me conformerai à votre décision.

Durieu.—Ce n'est pas ce que je vous demande; je vous demande votre opinion pour me décider. Il y a trois partis : M. de Bourville, le cousin de la comtesse et Giraud. Mathilde n'a pas de volonté, elle.... quel est celui des trois que vous préférez?

Madame Durieu.—Il ne faut pas m'en vouloir, mon ami, mais je serais incapable de faire un choix. Ce n'est pas ma faute, c'est l'habitude qui me manque.

Durieu.—Comment, l'habitude?....

Madame Durieu.—Depuis vingt-quatre ans que nous sommes mariés, vous avez toujours voulu diriger seul et vous-même vos enfants; c'était votre droit, je vous devais tout. Je me suis contentée, ne pouvant pas vous donner un conseil, de leur donner un exemple; c'est tout ce que j'ai pu faire. Cependant Gustave n'a pas mené la vie qu'il devait mener, et si votre fortune venait à lui échapper?

Durieu.—Comment ma fortune lui échapperait-elle?

Madame Durieu.—Je n'en sais rien, mon ami, c'est une supposition.... vous êtes libre de disposer de votre bien comme bon vous semble, et pour ma part, j'ai de si petits besoins, qu'en cas de malheur, je me contenterais de bien peu. Mais vous avez mis entre les mains de M. Giraud une somme importante, vous allez probablement lui confier le reste de vos capitaux, et faire même avec lui un acte de société.

Durieu.—Je ne dois confier à M. Giraud que l'argent qu'il me fera gagner. Je ne cours donc aucun risque.

Madame Durieu. — Cependant il a à vous 150,000 fr. en ce moment.

Durieu.—Cent mille.

Madame Durieu.—Il dit 150,000 partout. Vous voyez bien, en tout cas, que vous lui avez déjà confié une grosse somme qu'il ne vous a pas fait gagner.

Durieu.—J'ai pris toutes les informations possibles, il n'y a pas de danger.

Madame Durieu. — Tant mieux; mais il a commencé par ne vous demander que 40,000 fr., et il est arrivé à vous en faire donner 60,000 de plus; prenez garde!....

Durieu.—Est-ce que vous avez une raison de craindre que M. Giraud?....

Madame Durieu.—Je n'ai pas de raisons certaines. Nous autres femmes, nous sommes des créatures de sentiment plus que de raisonnement; ainsi je ne crois jamais qu'il soit honorable en affaires d'intérêt.... l'homme qui n'est pas délicat en affaires de cœur, et à cette heure M. Giraud se conduit très-mal avec mademoiselle de Roncourt.—Croyez-moi, mon ami, tous les sentiments honnêtes se tiennent dans notre cœur, et celui qui se gâte, gâte les autres. L'honneur n'a pas de nuances.

Durieu.—Tout cela ne me dit pas ce que je dois faire avec Giraud.

Madame Durieu.—Vous devez vous retirer le plus poliment, le plus adroitement, et le plus promptement possible, des combinaisons dans lesquelles il vous a engagé.

Durieu.—Eh bien, je vais être franc avec vous : je n'ai jamais eu l'intention de m'associer avec M. Giraud.

Madame Durieu.—Vous le lui aviez promis cependant....

Durieu.—Oui, parce que c'était le seul moyen qu'il me fît rattraper 30,000 fr. que j'ai perdus à la Bourse, avant de le connaître.

Madame Durieu.—Et s'il vous fait perdre?

Durieu.—Il n'est pas assez maladroit pour me faire perdre de l'argent, dans la première affaire que nous faisons ensemble.... Pour la seconde je ne dis pas non.

Madame Durieu.—Un pareil calcul est-il bien digne de vous?....

Durieu.—Enfin, c'est aujourd'jui le 30; c'est aujourd'hui que M. Giraud doit venir me rendre mes comptes.

Madame Durieu.—Vous en êtes sûr?

Durieu.—Je l'ai vu hier; il m'a dit de l'attendre aujourd'hui à deux heures.... Il est onze heures, ainsi....

Madame Durieu.—Voyons, mon ami : s'il vous est venu aujourd'hui cette bonne pensée de me consulter, c'est que vous avez enfin compris que je puis vous donner un bon avis dans une circonstance grave. Eh bien, voulez-vous faire ce que je vais vous dire et me rendre bien heureuse?

Durieu.—Qu'est-ce que c'est?

Madame Durieu.—Courez chez M. Giraud

tout de suite, et avant même de connaître le résultat de son opération, reprenez tout simplement l'argent que vous lui avez confié, sans intérêts et sans bénéfices.—Vous avez perdu 30,000 fr., vous aurez perdu 30,000., voilà tout ; mais au moins vous n'aurez pas à vous reprocher d'avoir trompé qui que ce soit. Rappelez-vous, mon ami, la rigidité proverbiale de votre père en matière d'argent. Est-ce à dire, parce que, depuis quelques années, il s'est produit des hommes nouveaux, qu'il doive en résulter une morale nouvelle ? A mon avis, Durieu, on a le droit de perdre de l'argent avec certaines personnes, on n'a pas le droit d'en gagner, et l'honneur, comme nous le comprenons, vous et moi, défend de tromper même qui nous trompe.—Si M. Giraud tient ses engagements vis-à-vis de vous, quel que soit son but, il faudra tenir les vôtres vis-à-vis de lui, ou il sera en droit de dire que vous manquez à votre parole. Ce serait la première fois.

Durieu.—Vous êtes décidément la meilleure créature que je connaisse.

Madame Durieu.—Non ; mais j'ai un certain sentiment du devoir.

Durieu.—Allons ! je cours chez Giraud.

Madame Durieu.—A la bonne heure !....

Durieu.—Et quand j'aurai mon argent, je lui dirai que ma fille est promise.

Madame Durieu.—C'est cela.

Durieu.—Et si ma fille aime René, eh ! bien, ma foi !....

Madame Durieu.—Que vous êtes bon, mon ami !.... Elle l'aime toujours, elle m'a fait sa confidence....

Durieu.—Et ce cousin de la comtesse ?

Madame Durieu.—N'est qu'une invention.

Durieu.—Ah ! la petite rusée !....

Madame Durieu.—Ah ! en revenant de chez M. Giraud, vous passerez chez M. de Roncourt, et vous le ramènerez, lui et sa fille, dîner avec nous.

Durieu.—Vous êtes donc sûre ?....

Madame Durieu.—Je suis sûre que si je n'avais pas eu le bonheur de vous épouser, je serais restée fille comme Elisa, et qu'on aurait probablement dit sur moi ce qu'on dit sur elle....

Durieu, *embrassant sa femme.*—Quand on pense que je vivais avec toi depuis vingt-quatre ans et que je ne te connaissais pas !....

Madame Durieu.—Eh bien, tu le vois, mon ami, il était encore temps de faire connaissance.

Le Domestique, *annonçant.*—M. et mademoiselle de Roncourt !....

Scene III.

LES MÊMES, ELISA, DE RONCOURT.

Durieu.—Bonjour, mon cher de Roncourt !

Madame Durieu, *à Elisa.*—Nous parlions de vous, chère enfant !....

De Roncourt.—Je vous croyais malade, mon cher Durieu.

Durieu.—Pourquoi ?....

De Roncourt.—Parce que je ne vous voyais plus, et que dans les circonstances où nous sommes, vous nous deviez une visite.

Durieu.—J'ai été très-occupé, cher ami ; j'allais sortir et passer chez vous. Je suis enchanté de vous voir.

Elisa.—Et Mathilde ?....

Madame Durieu.—Son père va lui dire que vous êtes là, et qu'elle vienne vous embrasser.

(*Elisa se jette au cou de madame Durieu.*)

De Roncourt, *à Durieu.*—Je ne vous retiens plus, cher ami ; je sais tout ce que je venais savoir. (*Il lui serre la main.*)

Durieu.—Dans une demi-heure, je suis de retour. (*Il sort.*)

Scene IV.

MADAME DURIEU, ELISA, DE RONCOURT.

Madame Durieu.—La comtesse sort d'ici.... elle part donc encore ?....

Elisa.—Elle va se marier.

De Roncourt.—Elle épouse, je crois, lord Nofton.

Madame Durieu.—Qui est très-riche ?

De Roncourt.—Immensément riche !

Madame Durieu.—Est-ce que c'est un mariage d'argent ?

De Roncourt.—Oh ! non ! il y a même déjà longtemps qu'ils pourraient être mariés ; mais cela n'en arrive que mieux.

Mathilde, *entrant, à Elisa.*—Je t'écrivais, quand mon père est venu me dire que tu étais là.... Tu vas bien ?....

Elisa.—Et que m'écrivais-tu ?

Mathilde, *riant.*—Toutes sortes de choses. Je vais te conter cela.

Madame Durieu.—Alors, tu nous renvoies ?... nous vous laissons ensemble. (*A de Roncourt.*) Venez, mon cher de Roncourt ; vous qui avez été si souvent le confident de mes chagrins, je veux vous dire un bonheur qui m'arrive. (*A Mathilde !*) Mathilde !....

Mathilde.—Maman !....

Madame Durieu.—Si tu aimes toujours René, prépare-toi à un grand bonheur.

Mathilde.—Quel bonheur ?

Madame Durieu.—Ton père consent à ton mariage.... Silence.... garde ta joie pour le moment où il te l'apprendra lui-même. (*Elle sort.*)

Scene V.

ELISA, MATHILDE.

Mathilde.—Elisa ?

Elisa.—Mathilde ?

Mathilde.—Tu parais bien gaie.

Elisa.—Je suis contente de te revoir ; je craignais que vous ne m'eussiez tous oubliée ; je vois que je me trompais....

Mathilde.—Me promets-tu d'être franche ?

Elisa.—As-tu jamais eu à douter de ma franchise ?

Mathilde.—Non. Eh bien, réponds-moi : pourquoi n'épouses-tu point M. Giraud ?....

Elisa.—Tu en es encore là ?....

Mathilde.—Oh ! je t'en prie.... ne plaisante pas là-dessus !....

Elisa.—Pourquoi donc ?

Mathilde.—Parce que les autres ne plaisantent pas.

Elisa.—Que veux-tu dire ?

Mathilde.—Je veux dire qu'il a beaucoup été parlé de cette rupture. Une femme qui n'est pas méchante disait devant moi : Voilà déjà deux mariages que manque mademoiselle de Roncourt ; il faudra que son mari, si elle en trouve un maintenant, soit bien honorable pour faire oublier les deux autres.

Elisa.—Cette dame avait raison : c'est bien assez de deux mariages manqués dans la vie d'une femme, et j'ai renoncé à toute nouvelle tentative de ce genre. Je ne me marierai jamais.

Mathilde.—Tu te marieras, au contraire ; il le faut. C'est devenu indispensable pour l'honneur de ceux qui t'aiment.

Elisa.—Qui est-ce qui m'aime ?....

Mathilde.—Moi !

Elisa, *riant*.—Tu ne peux pas m'épouser...

Mathilde.—Je t'en supplie, ne ris plus. Il est impossible que tu sois aussi gaie que tu affectes de l'être : ton rire est faux.... il te fait mal et à moi aussi. Réponds-moi.... pourquoi n'as-tu pas épousé M. Giraud ?

Elisa.—Parce que nous avons craint de ne pas être heureux ensemble.

Mathilde.—Ou parce que tu en aimais un autre.

Elisa.—Personne.

Mathilde.—Tu me trompes : le jour même de ta rupture avec M. Giraud, en causant avec toi, j'ai prononcé un nom ; je t'ai fait part de mes projets, tu n'as pu retenir tes larmes. Ce jour-là, René est arrivé, tu m'as défendu de lui dire ce qui s'était passé, et une heure après tu rompais avec M. Giraud. Ce que personne ne devine, je le sais, moi : tu aimes René.

Elisa.—Non.

Mathilde.—Et René t'aime.

Elisa.—Tu es folle !....

Mathilde.—Aujourd'hui tu te contiens mieux que l'autre fois : mais je sais à quoi m'en tenir. Je ne te demande donc plus si tu aimes René, je te demande de me prouver que tu es mon amie : j'aime René, moi, tu le sais ? eh bien, il m'arrive un grand bonheur : mon père consent à mon mariage avec lui. Si René ne t'a jamais dit qu'il t'aimait, si tu ne lui as jamais avoué ton amour, tais-toi pour moi, sacrifice-toi, je t'en supplie, ne lui laisse jamais voir que tu l'aimes,

Elisa.—Je te jure, Mathilde, qu'il n'en a jamais rien su, et qu'il n'en saura jamais rien.

Mathilde.—Ah ! tu vois bien que j'avais deviné.

Elisa.—Mathilde....

Le domestique, *annonçant*.—M. René de Charzay !

Elisa.—Lui ! oh ! je ne veux pas qu'il me voie !

(*Elisa sort.*)

Scene VI.

RENÉ, MATHILDE.

Mathilde, *allant au-devant de René*.—D'où arrives-tu ?

René.—J'arrive du bureau de M. de Cayolle, qui devait me rendre une réponse définitive aujourd'hui.

Mathilde.—Tu as une place ?

René.—Oui, depuis dix minutes.

Mathilde.—De combien ?

René.—De 4,000 francs.

Mathilde.—Alors, je t'ai donné un bon conseil ?

René.—Oui.

Mathilde.—Et tu venais pour nous apprendre cette nouvelle ?

René.—J'avais d'abord été chez M. de Roncourt ; on m'avait dit qu'il était ici.

Mathilde.—Avec Elisa ! Ils sont là en effet... attends un peu.... Tu es maintenant en position de te marier, n'est-ce pas ?....

René.—Oui.

Mathilde.—Eh bien, fais une bonne œuvre. M. Giraud a calomnié Elisa ; j'affirme, moi, qu'elle est une honnête fille, mais il lui faut le nom d'un homme honorable ; il n'y a pas un homme plus honorable que toi, il .faut que tu épouses Elisa.

René.—Tu m'avais deviné, Mathilde, je venais ....

Mathilde.—Tais-toi donc, maladroit ; laisse-moi donc croire que c'est moi qui ai eu cette idée-là, comme j'ai eu l'autre que tu as déjà suivie ; laisse-moi donc croire que tu n'aimes pas Elisa autrement que comme une amie, que tu ne l'épouses que par dévouement, et que tu sacrifies à son honneur le bonheur que j'aurais pu te donner, puisque....

René.—Puisque ?

Mathilde.—Puisqu'aujourd'hui mon père consent à notre mariage.

René.—*la prenant dans ses bras.*—Mathilde, tu es un ange !

Mathilde.—Je le sais bien.

Scene VII.

Les Mêmes, DURIEU.

Durieu, *entrant.*—C'est ça, embrassez-vous... vous êtes bien heureux de n'avoir que ça à faire. Il se passe de jolies choses....

Mathilde.—Quoi donc ?....

Durieu.—Va chercher ta mère, va chercher Elisa, va chercher tout le monde.

(*Mathilde sort.*)

René.—Que vous arrive-t-il?

Durieu.—Tu vas voir....

(*Tout le monde entre.*)

Durieu.—Vous êtes tous là ?

Mathilde.—Oui.

Durieu.—Vous êtes attentifs ?

De Roncourt.—Nous sommes attentifs....

Durieu.—Préparez-vous....Giraud a filé !

Tous.—Giraud !

Mathilde, *à Elisa.*—Oh ! ma pauvre Elisa, quel bonheur pour toi !

René.—Vous êtes sûr du fait ?

Durieu.—Trop sûr.

De Roncourt.—Qui vous l'a dit ?

Durieu.—Tout le monde.

René.—Cela m'étonne bien.

Durieu.—Cela t'étonne, toi ! je te remercie.

René.—Oui, je le croyais plus malin.... avec un peu de patience, il vous aurait ruiné complétement.

Durieu.—C'est pourtant assez malin d'emporter 650,000 francs, rien qu'à deux personnes. Il est vrai que l'une des deux y est pour 500,000 francs. C'est la comtesse qui ne doit pas rire....

Madame Durieu.—Tu vois, mon ami, que je ne m'étais guères trompée.

Mathilde.—Mon pauvre papa.... nous t'aimons bien !

De Roncourt.—Cher ami !...:

Durieu.—C'est ça.... allez-y !.... En avant les phrases toutes faites pour ces circonstances-là !.... Si vous croyez que je ne me suis pas dit tout ce que vous pouvez me dire.... et que c'était bien prévu.... et que j'ai voulu gagner trop d'argent.... et que c'est bien fait, et que je suis un imbécile.... parbleu, je sais tout cela aussi bien que vous.

Mathilde.—Il y a peut-être encore de l'espoir.

Durieu.—Bon ! voilà le tour de l'espoir.

Madame Durieu.—Dame !.... mon ami, on te dit ce qu'on pense.... après tout, ce n'est pas notre faute.

Durieu.—Et ça se termine par des reproches ....c'est toujours la même chose.

René.—Enfin que s'est-il passé ?

Durieu.—Giraud jouant à la hausse, la baisse a eu lieu ; il a perdu 3,000,000 dans une bourse ; il n'a pas payé, et il est parti hier avec notre argent : c'est d'une simplicité évangélique.

De Roncourt.—Etes-vous allé chez lui ?

Durieu.—Parbleu !....

De Roncourt.—Eh bien ?

Durieu.—Il n'a pas reparu depuis hier, et les commis et les domestiques faisaient des figures....

René.—Et faisaient leurs paquets.

Durieu.—Eh bien, allons, faisons des mots, faisons de l'esprit ; je suis en train, moi.

Madame Durieu.—Etes-vous allé à la Bourse ?

Durieu.—J'y suis allé, la débâcle était connue, et tout le monde enchanté. On m'en a dit sur lui, ah ! Il paraît qu'à une liquidation, il a reçu des souscrits.

De Roncourt.—Q'est-ce qu'il a fait alors ?

René.—Il s'est fait reporter.

Durieu.—Continue.... Ce qui me rend furieux, ce n'est pas tant la perte, mais c'est d'avoir été mis dedans.... aussi facilement par ce gredin-là....Je donnerais 10,000 francs !....

René. — Pour rentrer dans les 140,000 autres.

Durieu, *reprenant son chapeau.* — Vous comprenez que, du moment que c'est un parti pris de me plaisanter.... Je vais aller voir la comtesse ....elle perd un demi-million, elle ne plaisantera pas, elle....

Le domestique, *annonçant.* — Madame la comtesse Savelli !

Scene VIII.

Les mêmes, LA COMTESSE.

Durieu, *à la comtesse.* — Eh bien ?

La Comtesse, *riant.* — Eh bien, nous sommes volés !

Durieu. — Vous riez aussi, vous, comtesse ?

La Comtesse. — Mon cher monsieur Durieu, je crois que c'est ce qu'il y a de mieux à faire. (*Montrant Elisa.*) Voilà une noble et digne jeune fille dont nous avons douté un instant, parce qu'un misérable avait porté une accusation sur elle ; il nous emporte notre argent, c'est bien joué ....et la punition est encore au-dessous de la faute. J'y perds beaucoup ; mais j'aimerais mieux perdre le reste de ce que je possède, que de douter une seconde d'une honnête femme.

(*Elle embrasse Elisa.*)

Durieu. — C'est bien vrai, ce que vous me dites-là.... Mais, est-ce qu'il n'y aurait pas moyen de lui faire quelque chose, à ce coquin ?

La Comtesse. — Où le prendre maintenant ? et quand même, nous n'avons rien à gagner à traîner nos noms devant un tribunal, à côté du nom de M. Giraud, sans compter qu'il trouvera toujours un avocat pour nous dire des choses désagréables. Je crois que le meilleur parti à prendre, c'est de nous taire : c'est une leçon, elle coûte cher, mais elle profitera, d'autant plus qu'elle était prévue.... le dénoûment est écrit partout, c'est toujours le même ; mais chacun de nous croit toujours être plus fin, on espère être plus heureux que les autres. J'ai eu des renseignements par le ministère.... M. Giraud s'est embarqué ce matin au Havre.... il vogue vers l'Amérique. Bon voyage ! c'est un voleur de plus dans le monde.... dans le nouveau monde.

Le domestique, *annonçant.* — M. Jean Giraud.

Tous. — Jean Giraud !

Scene IX.

Les mêmes, JEAN.

Jean, *entrant et saluant.* — Mesdames, messieurs, mon cher monsieur Durieu.... madame la comtesse.

Durieu. — Comment, c'est vous !....

Jean. — Oui, c'est moi. Qu'est-ce que vous avez ?.... est-ce que vous ne m'attendiez pas ? ....ne vous avais-je pas donné rendez-vous pour deux heures, aujourd'hui....

Durieu. — C'est vrai.

Jean, *tirant sa montre.* — Eh bien, deux heures moins cinq. Je suis en avance, mais quand il s'agit d'affaires, on n'est jamais trop exact. (*Tirant des papiers de sa poche.*) Eh bien, l'opération a réussi comme je l'espérais. Vous m'avez confié 500,000 francs, madame la comtesse (*lui remettant un papier,*) les voici en un bon sur la Banque, tel que vous me l'avez remis ; plus 200,000 francs de bénéfice en un autre bon. Mon cher monsieur Durieu, voici votre compte à vous : 150,000 francs de capital, que voici, plus 50,000 francs de gain. J'ai tenu tous mes engagements, je crois ; à vous, mon cher monsieur Durieu, de tenir les vôtres, et le mois prochain......

La Comtesse et Durieu, *ensemble.* — Monsieur ! ....je dois vous dire......

Durieu. — Pardon, comtesse, commencez !....

La Comtesse. — Je crois que nous allions dire la même chose. (*Remettant à Giraud le bon de 200,000 francs.*) Je n'accepte pas ce bénéfice, monsieur....

Durieu. — Ni moi le mien. (*A madame Durieu.*) Chère amie, veux-tu faire le compte des intérêts de 150,000 francs pendant un mois, à 5, et tu enverras toucher cette petite somme chez M. Giraud ?

Durieu. — Oui, mon ami.

Jean. — Je ne comprends pas.

La Comtesse. — Le bruit s'est répandu aujourd'hui que vous aviez disparu avec l'argent que nous vous avions confié....

Jean. — J'étais au Havre ! Je n'ai donc plus le droit d'aller au Havre ?

Durieu. — Il paraît que non !....

Jean. — C'est trop fort. Et si je n'ai pas quitté Paris, si c'était une malice de bourse pour vous faire gagner de l'argent, qu'est-ce que vous diriez ?....

La Comtesse. — Nous vous dirions, monsieur, que nous ne sommes pas habitués à ces maliceslà, et personne n'a douté que le fait ne fût vrai. Notre conscience nous interdit donc de continuer des relations avec vous, d'accepter des bénéfices d'un homme dont la réputation, dans une circonstance aussi grave, n'a pas trouvé un seul défenseur.

Jean.—L'opération par elle-même, je vais vous l'expliquer : elle est très-honnête.

La Comtesse.—C'est inutile, monsieur : une chose honnête n'a pas besoin d'être expliquée.

Jean, *regardant René.*—Je vois d'où le coup part.

René.—Vous vous trompez, monsieur, je n'ai rien dit de ce que je savais : on m'aurait cru cependant. J'ai mieux aimé laisser la conscience du monde faire son œuvre toute seule. Vous venez de voir, monsieur, que, pour certaines gens, les questions d'intérêt ne passent pas avant tout. Maintenant que je suis sans colère, je crois pouvoir vous donner sainement l'opinion du monde à votre égard : Vous n'êtes pas un homme méchant ; vous êtes un homme intelligent qui a perdu dans le bruit de certaines affaires la notion exacte du juste et de l'injuste, le sens moral enfin.—Vous avez voulu acquérir la considération par l'argent, c'était le contraire que vous deviez tenter : il fallait acquérir l'argent par la considération. J'espère, je suis convaincu que vous ferez une grande fortune, qui vous dédommagera de ce que vous ne pourrez jamais obtenir. Mademoiselle de Roncourt vous pardonne ; elle accepte les excuses que vous faites à madame de Charzay. Maintenant, monsieur, nous n'avons plus rien à vous dire, vous pouvez prendre votre chapeau et vous retirer.

Jean *va pour parler, mais il fait un geste de dédain, et prend un chapeau sur la table.*

Mathilde.—Vous vous trompez, monsieur, vous prenez le chapeau de mon père.

Jean.—Je l'aurais rapporté, mademoiselle.

(*Il salue et sort.*)

Scène X.

Les mêmes, *moins* GIRAUD.

De Roncourt (*à René*).—Mon fils, je suis bien heureux.

Durieu, *à la comtesse.*—Nous avons de la chance d'en être quittes à si bon marché.

Mathilde, (*après avoir serré la main d'Elisa.*) —Décidément, mon père, j'épouserai M. de Boarville.

Durieu.—Et le cousin de Batavia ?

Mathilde.—Oh ! mon père, j'ai oublié de vous le dire : il est mort....

Durieu.—Je le sais bien ; comme il a vécu.

Madame Durieu, (*à son mari qui écrit.*)—Qu'est-ce que vous faites-là, mon ami ?

Durieu (*l'embrassant.*) J'écris à mon agent de change de m'acheter du 3.

ALEXANDRE DUMAS, FILS.

9 782329 666266